なぜ職場では理不尽なことが起こるのか？

中山てつや

幻冬舎ルネッサンス新書
215

目次

◆第1章◆人事の本質は好き嫌い

目　次

◆第2章◆人事制度に潜む罠

◆第3章◆組織の中を生き抜くために

◆第5章◆ゴールデンステージで生涯現役

目　次

本書は2017年1月に発行された『人事の本質』を改題し、
一部に加筆・修正したものです。

第1章　人事の本質は好き嫌い

上司によって評価は180度変わる

人事の本質とは、上に行けば行くほど、その上と合う合わない、つまり、ほとんど好き嫌いです。もし今あなたの評価が高ければ、それは、あなたの上司とうまくいっているからにほかなりません。逆に、あなたの現在の評価が低ければ、それは、ただ単にあなたの上司との相性が良くないというだけのことです。

「そのようなことはありません。誰が評価しても、ぶれない仕組みを作って運用していますから」――そんな人事担当者の声も聞こえてきます。実際、人事に関連する様々な制度は、環境の変化と共に日々進化しています。

また、できあがった仕組みをきちっと運用するための教育や研修も、頻繁に行われています。その努力たるや、並大抵のものではないでしょう。しかし、会社の中で不可解な現象が起きているのも事実です。

以前働いていた会社での出来事です。となりの部署に、新しい部長が着任することにな

りました。すると、その部署で働く中堅の社員がやってきて、
「今度くる部長、実は前にいた部門の上司だったんだ。それで僕は、ここに飛ばされてきたわけ。だから、今度も、間違いなくどこかに飛ばされると思うんだ」
「いくら何でも、すぐに異動することはないでしょ」周囲の者は、皆そう思いました。
ところが、予言は見事に的中し、何と半年足らずで、今度は、立地的にもかなり離れた部門に転勤していったのです。

その中堅社員は、他のメンバーと比較して、特に仕事上問題があったわけでもなく、協調性に欠けるといったこともなく、ごく普通に、日々の仕事をこなしていた社員です。それが、昔の上司に変わったとたん、また飛ばされることになったのです。

今度は、後輩が転勤することになった時の話です。彼は、与えられた業務を計画的にきちっとこなす、いわゆる仕事のできる社員でした。しかし、上司の評判は芳しくなく、ことあるごとに呼ばれては、説教を受けていました。

今でいう、パワハラみたいなものでしょうか。席に戻った時の、「何で僕だけこんな目に遭うんだろう」と言いたげな、悔しさに満ちた表情はよく覚えています。

その後輩が他部門へ異動して間もなく、本人と話す機会があったので、新天地での近況

を聞いてみました。すると、返ってきた言葉は、

「今度の職場には、とても満足しています」

そこで、もう少し詳しく聞いてみると、

「新しい上司は、指示も明確で、やるべきことがはっきりしていて、仕事がしやすいんです。それに、特別なことがない限り、定時で帰れるし、何といっても、あの無意味な残業がないんですよ」と、言います。

裏返すと、前の上司の指示は、どこか曖昧で、業務の範囲が定まっておらず、おまけに、付き合い残業も多かったということでしょうか。同じ職場での経験から、このコメントはおおむね的を射ていたので、妙に納得してしまいました。

その後輩の新しい上司も、実はよく知っている方でしたので、後日会話する機会があった際に、彼の評判を聞いてみました。すると、その上司いわく、

「いやあ、彼はとても優秀で、仕事も良くできるので、彼が来てくれて、本当に助かっているんですよ」

新しい職場での後輩の評価は、前とは違って、とても良いものになっていました。まさに「正反対」とは、このことです。

もうひとつ、今度は、私が会社で、マネージャーとして仕事をしていた時のことです。新しい上司に代わってしばらくしてから、ミーティングをすることになりました。

「前の上司からの引き継ぎによると、あなたの評価は極めて悪く、とにかく気をつけるように、とのことだったのですが、一緒に仕事をしてみると、どうしてもそのようには思えない。むしろその逆です。大いに期待していますよ」

前の上司の良からぬ評価は、何となく予測していたのですが、無事ご破算となりました（もし部下に明らかな落ち度があれば、反省して改善するのは当然で、これから話を進めていく上での「大前提」となることは、言うまでもありません）。

改めて思い返すと、いい仕事ができた時の上司との関係は極めて良好でした。加えて、間違いなく良い評価をしてもらっていました。仕事でお会いした方からも、こんな話を聞いたことがあります。

「そういえば、気持ち良く仕事ができた時の上司は、皆いい上司でした。本当にうまくいっていたし、昇格して昇給したのも、そういう時でした。上司に恵まれていた、と言うべきなのでしょうか」

評価の基準は好きか嫌いかだけ

同じ会社で、同じ人事制度のもとで、同じ仕事をしていても、上司が変わるだけで評価も正反対に、真逆へと変わってしまうのは、なぜなのでしょう。

企業の人事に携わる多くの社員及び関係者が、少しでも「フェアな評価」がなされるような「人事制度の構築」に取り組んでいます。また、常に変化する社会情勢に対応できるような仕組みを、作り上げてきました。改善しようとする努力は大切ですし、今後も更に進化していくものと確信しています。

しかし、いかに優れた制度やシステムを設けたとしても、仕組みを用いて実際に評価するのは、直属の上司です。人事制度や、評価の仕組みが、直接部下を評価するわけではありません。

たとえ自動評価装置のようなオート機能ができたとしても、運用が問題なく、円滑に進むとは思えません。なぜなら、運用者が常に、「生身の人間」だからです。

人間であれば誰しも、自分の言うことに、素直に従う者を、配下に置きたいと考えます。会社であれば、上司は自分の意に沿った、使いやすい社員を部下にしようとします（もちろん、例外はあると思いますが）。

諸事情で、仕方なく受け入れる部下もいます。また、「こいつは使える！」と思った部下が、実はそれほどでもなかったりします（この上司にとっては、の話ですが）。しかし、上司は本質的に、自分と気心の合う部下と、気持ち良く、自分のペースで仕事をしたいと考えます。

部下を評価する時にも、自分と肌が合うかどうか、気が合うかどうか、がいつのまにか判断基準となってしまいます。更に、その傾向は、職責が上がれば上がるほど顕著となります。「上に行けば行くほど好き嫌い」たるゆえんです。

上司が、会社の経営幹部ともなれば、職務権限も強くなるので、自分の意思を、もっと貫きたい欲求にかられるものです。時と場合によっては、「俺は偉いんだぞ！」という態度に表れることもあります（個人差はありますが）。

部下に対する支配欲も、必然的に強まり、「好き嫌い」が評価の基準として、色濃く反映されるようになります。

しかも、自分の意に反して、方針に素直に従わない部下がいたら、排除しようとします。異なる意見に耳を傾け、違うやり方を取り入れるくらいの度量も欲しいところですが、そのような懐の深い器を持つ人は、残念ながら、あまり多くいません。

たとえいたとしても、評価の段階になると、どうしてもギリギリのところで、「合う合わない」や、「好き嫌い」が作用してしまうものです。

上司からすると、せっかく手に入れた「上位職」です。部下に寝首を掻かれて、職位を失うことだけは、何としても避けなければなりません。「上に行けば行くほど」自分の身が可愛くなり、知らず知らずのうちに保身に走ってしまうのも、そう考えると頷けるわけです。

動物的本能で相手を見分けろ

この状況を、論理的に説明しようと考えても、答えは見つかりません。なぜなら、上司と部下の関係は、会社の中における、上司と部下という社会的な関係以前に、もっと原始的なつながりの上に成り立っているからです。

住職を務めていた小池龍之介氏は、著書の中で「好き嫌い」という感情に関して、次のように述べています。

「動物は、嫌いなものは闘うか逃げる、好きなものにはまっしぐら、というプログラムで生きているといえるのです。それが生命を維持する上で、有益なプログラムだったからでしょう。

そのプログラムが、まだ人間にも色濃く残っています。その命令に従う形で、誰もがある集団や組織の中で、好きな人と嫌いな人を、無意識に区別する習性を持っているのです。とくにハッキリとした好き嫌いではなくても、あの人は何となく好き（自分に役立ちそう）、あの人は何となく嫌い（自分にとって危険、害を与えそう）と思ってしまうのです」（『平常心のレッスン』小池龍之介著、朝日新書、52頁）

また、劇作家で演出家の竹内一郎氏も、著書の中で次のように語っています。

「人類の歴史は、二百五十万年ほどといわれているが（五百万年という説もある）、そのほとんどは〝野生動物〟として生きてきた。弱肉強食の世界だったのである。

野生動物は、遠くから近付いてくる動物が自分に危害を加えるか否かを一瞬で見極めなくては、生き残ることはできなかった。

また、目の前に現れた人間が、敵か味方かを、一瞬で見抜かなければ、自分の生命も危ういし、家族を守ることもできない。

本来、人も他の動物と同様に、目の前の動物（人間も含む）を、見た目で一瞬のうちに判断しないと、生きていけない生物なのである」（『やっぱり見た目が9割』竹内一郎著、新潮新書、13頁）

上司も、ひとりの人間であることに、変わりはありません。であれば、敵か味方かを見分けて、安心できる部下を登用することに、「当たり前」ということになります。そのうえ、自分に危害を与えそうな気配を感じると、無意識のうちに「嫌い」と判断して、遠ざけることになります。

この現象は、動物的な本能にまつわる話ですから、もうどうしようもありません。

第一印象がすべて

以前のことですが、出勤時に会社の近くを歩いていると、小柄な外国人が向こうから歩いてくるのが目に入りました。その外国人は、日産自動車のカルロス・ゴーン元会長を思いっきり優しくした感じで、直感的に気が合いそうな印象を受けました。

すれ違い様に、ちらっと顔を見たら、何と彼もこちらを向いて、「ニコッ」と微笑んでいるではありませんか。思わずこちらも、「ニコッ」返しです。

お互い、そのまま通り過ぎただけのことですが、ゆっくりと話をする機会があれば、おそらく、相通じる何かがあったかもしれません。間違いなく、良い第一印象の外国人でした。

今度は、ある外資系日本法人で、社長を務めた方の話です。幹部候補者を採用するに当たって、最終面接をするのですが、その社長にとって、採用するか否かの判断は、面接が始まってからわずか最初の数分で決まってしまうそうです。

幹部候補ですから、入社してからの上司は社長ということになります。従って、面接の中で自分の好みに合った人物なのか、自分の役に立ちそうか、入社させても、安心して一緒に仕事ができるか否か、などを「瞬時に判断」していたわけです。

この場合、仮に面接に不合格となったとしても、社長と合わなかっただけのことで、相手が変われば、良い結果となる場合もあります。「合否も、所詮は好き嫌い」と割り切って、忘れてしまったほうが、精神衛生的にも良いでしょう。

人は、他人と会ったその瞬間に、「自分の敵か味方か」「自分の役に立つかどうか」を判断しています。「第一印象」を侮ることはできません。

会って話し込むうちに、打ち解けてきて、「なんだ、結構いいやつじゃないの」とか、「この人とならやっていけるかも」となる場合もありますので、第一印象がすべて、というわけではありません。

しかし、人は間違いなく最初の印象で、ある程度の区別を、無意識のうちにしています。まさに、人間として生き残るための「本能の成せる業」と言えましょう。

相性より強烈なケミストリー

「合う合わない」や「好き嫌い」は、「相性」という言葉でくくることもできます。「相性がいい、悪い」など、日常的にもよく使われています。相性のことを、英語でケミストリー（chemistry）といいます。

外資系企業で仕事をしていると、「どうも、あの人とはケミストリーが合わないようだ」とか、「これは単にケミストリーの問題だから、どうしようもない」といった内容の話をよく耳にします。

ケミストリーという言葉には、他にも「化学」という意味があり、『文明論之概略』という名著の中で、象徴的な表現として使われています。

「水酸化ナトリウムと塩酸は個別にはどちらも激烈なもので、金属をも溶かす力があるが、これを化合すれば食塩となって普段の台所で役に立つ。一方、石炭と塩化アンモニウムはともに激烈な作用をもつわけではないが、このふたつを化合すると気体アンモニアとなり、人を卒倒させる」（現代語訳『文明論之概略』福澤諭吉著、齋藤孝訳、ちくま文庫、153頁）

「ケミストリー」という言葉には、日本語で単に「相性」という表現で片づけてしまうにはもったいないくらいの、強烈なメッセージが込められています。相性が悪い人と一緒に、何かをするということは、とてつもない「化学反応」を起こす可能性があるわけですから、一歩間違うと、大やけどを負ってしまいます。

会社であれば、場合によっては、左遷や降格、減給などにつながるかもしれません。最悪のケースは、リストラの憂き目に遭うこともあります。

余談ですが、私が以前在籍した会社が、やむない事情でリストラを実施した時のことです。その対象となった面々の中には、必ずしも仕事ができない、もしくは成績の悪い社員ばかりでなく、逆に、業績を挙げて会社に貢献してきた、優秀な（と、周りでも思われている）社員も数多く含まれていました。おそらくは、直近の上司との間における、相性の問題だったのではないかと思われます。

日本語の「相性」には、「互いの性格・調子などの合い方」（出所：デジタル大辞泉）という意味があります。更に、「性格」は「その人が生まれつきもっている感情や意志などの傾向」（出所：大辞林　第三版）とあります。「性格」が「生まれつき」であることは、容易に想像できます。

相性の悪い人を相手にするということは、つまり、「生まれつきもっている」性質と相対するわけですから、一筋縄ではいきません。まして、相性の悪い相手を自分に合うよう、根本的に変えることなど、不可能でしょう。どうせ変えられないのであれば、むしろ、変えようとしてはいけないのかもしれません。

損得勘定が査定基準

「気心知れた仲だったので信頼していたら、突然裏切られた」という経験は、誰にでも一度はあるのではないでしょうか。「相性の良し悪し」の裏に隠れているのが、この「損得勘定」という厄介な意識です。

外資系企業で働いていた時のことです。全社を挙げて、新たなビジネスモデルを実際に軌道に乗せるプロジェクトに参画する機会がありました。目指すべきビジネスに関する実務経験があった私は、ほかに経験者があまりいなかったこともあり、当時の責任者からとても重宝されました。

責任者は、社内でも評判が真っ二つに分かれるタイプの方で、私の部下からも、「あの責任者には気をつけたほうがいいですよ。最初はいい顔するけれど、その後に切られた人を知っているんで」との忠告をもらったほどでした。

しかし、実際にプロジェクトが進む中で、特にそれらしき兆候はなく、むしろ、こちらのイメージ通りに（時にはイメージ以上に）ことが運ぶので、責任者に対する妙な噂のことはすっかり忘れて、充実した日々を過ごしていました。

責任者と夜食事をしている時も、「やあ、ご苦労さん。君の給料もっと上げてあげないといけないね」などと持ち上げられて、すっかりその気になっていました。

無事プロジェクトが終了して、準備したビジネスが実際に軌道に乗り始めた頃、待っていたのが、突然の人事異動です。異動先は、今までとは次元の違う部署で、部下もいなくなり、見方によっては左遷とも受け取れる内容でした。

利用価値があるうちは、おだてながら徹底的に利用し、目的が達成されると「お役御免」と切り捨てる。「損得勘定」が透けて見える、あからさまな手法に、当時は驚きを隠せませんでした。「なるほど、こういうことなのか」部下からもらった忠告がフラッシュバックし、改めて、その責任者の恐ろしさを、肌で知ることになりました。

この手の上司は、自分に都合の良いと感じた部下を、最初は相性がいいと思わせて味方につけ、利用価値がなくなると、今度は手のひらを返したように、容赦なく切り捨てます。部下としても、当初は、相性が良いと勘違いしてしまいますので(させられてしまうといったほうが、適切かもしれません)、「気づいた時はすでに手遅れ」、という結末を迎えることになります。

役に立つ間は「好き」、役目が終わると「嫌い」ということでしょうか。必要なうちは「相性良く」、不要となると「相性悪く」なるのですから、これはもうどうにも始末に負えません。

ちなみに、この責任者に登用されて、実質的に使い捨てにされた社員は、その後も後を絶ちませんでした。

嫉妬心は出る杭を打つ

相性が良くないと、嫉妬心を増長させることもあります。同僚や後輩が、自分を差し置いて昇格したり、抜擢されたりすると、誰しも、少なからず羨ましく思うのは、やむを得ない人情かと思います。しかし、相性が悪かったりすると、嫉妬した相手を蹴落とすべく、実際に行動に移す輩《やから》がいるので要注意です。

日系企業で、新規事業の立ち上げをしていた時の話です。当時の上司は、ワンマン社長から絶大なる信頼を得ており、「期待の星」的な存在でした。その期待の星と共に、新規事業を立ち上げることになったのです。

この上司、当初はそれほどでもなかったのですが、仕事をしていくうちに「どうも相性があまり良くない」と気づくようになります。次第に、お互いにどうもしっくりこないと感じ始めた頃、社長を交えた会議がありました。

「どうだ、今度の彼は？（私のことです）」

社長が尋ねると、上司は少し間をおいて、

「そうですねぇー。うーん、そのですねぇー」

と、顔をしかめながら、苦しそうな表情で、明確な返事をしません。

予想外の反応に（おそらく、ですが）少し戸惑った社長は、

「まあ、頑張ってくれや」

と声をかけて、その話題は終わりましたが、あまりにも露骨な対応に、どうも納得がいきません。かといって、社長が評価している上司に対して、思い切った行動に出ることもできず、結局、そのままうやむやにしていました。

その後、事業の準備は着々と進み、大きな山を越えた頃です。突然、人事異動の発表があり、私は急きょ、その事業から離れることになりました。聞くところによると、上司が社長に対して、私の立場が悪くなるように働きかけていたようです。

上司は当時、社長の大のお気に入りでしたから、彼の言うことすべてが真実と受け取られたのでしょう。降格という話もあったのですが、他の役員が未然に防いでくれたと聞いています。

この場合、相性の背後に潜むのが「嫉妬心」です。将来的に、少しでも自分の地位を脅かす可能性のある者に対しては、早めにその「芽を摘んでおく」ということになるのでしょうか。相性が悪い相手に対しては、なおさらです。

余談ですが、この会社の社長、損得勘定の働く人物のようで、「期待の星」もほどなく干されることになります。

相性とは直接関係ないのですが、私自身も、強い嫉妬心に取りつかれたことがあります。まだ若かりし頃、同期が自分より早く昇格した時です。それまでは、常に先を行っていたものですから、天狗になっていたのかもしれません。

嫉妬心にかられると、実によろしくない精神状態に陥ります。理屈では分かっているものの、どうしても冷静に、感情をコントロールできなくなります。くれぐれも、用心しなければなりません。

なお、嫉妬という漢字には女偏が入っていることもあり、一般的に、女性のほうが嫉妬しやすいと思われがちですが、心理学的統計によると、男性に軍配が上がるそうです。

勝ち馬に乗っても安心するな

相性が良いことを、「馬が合う」とも言います。性格や気が合う、意気投合する、といった意味合いで使われますが、もともとは、乗馬に由来する言葉です。

乗馬では、馬と乗り手の息が合わないとうまくいかないので、馬と乗り手の呼吸がぴったり合っている状態を、「馬が合う」と表現するようになったようです（参考：精選版日本国語大辞典）。人間関係が良好で、前向きな印象を与える時によく使われる、便利な言葉でもあります。

同じ「馬」を用いた表現で、「勝ち馬に乗る」という言葉もよく耳にします。有利なほうにつく、勝ったほうに味方して便乗する、力のある人の側について恩恵を受ける、などの意味で使われます（出所：デジタル大辞泉）。

こちらは、どちらかというと、あまり好ましくない時に用いるケースもあり、決して良い響きとまではいきませんが、「処世術」としては効率的で、手っ取り早く、効果てきめんな手段でもあります。でも、実際に実行に移す時には、それなりの「覚悟」が必要となります。

以前勤めていた会社で、役員と食事をしていた時の話です。お互いに転職してきた口ですので、前の会社の話題にも触れることになりました。役員は、前の会社でもかなり上の職責まで上り詰めていましたが、所属していた派閥の長が派閥争いに負けた結果、一族郎党、皆外に出る羽目になったそうです。

この話題になると、役員は、それまでとは少し異なる、微妙に歪んだ、自嘲的な表情に変わりました。おそらく、まだそう遠くない、当時の生き残りをかけた生々しい社内抗争が、脳裏をよぎったのではないでしょうか。

馬が合えば相性良く、「勝ち馬（とおぼしきもの）」に乗ることができます。むしろ、乗せてもらっているという表現のほうが適切かもしれません。しばらくは気持ち良い、爽快な乗馬を満喫することになりますが、勝ち馬が、ゴール目前で「失速」することもあります。

もちろん、めでたくゴールインすることもあるでしょう。でも、その馬が損得勘定に長《た》けた、とんでもない「暴れ馬」だったりすると、ゴールした瞬間に、振り落とされてしまいます。

誰の側にもつかない、という選択肢もありますので、どうするかは本人次第です。しかし、勝ち馬に乗ると決めた時は、危険を察知したら降りる、あるいは、危ない目に遭っても大怪我を負わないよう、「危機管理」を怠らないようにしたほうが良いでしょう。

組織に身を置く者として、ある意味、常日頃の「自己防衛策」でもあります。

相性と不祥事の連鎖

相性の良し悪しは、組織の至るところで、様々なドラマを演出します。実際に、昨今世間を賑わせている、大企業の不祥事にも垣間見ることができます。

不祥事の内容は、粉飾決算や品質問題など多岐にわたりますが、いずれのケースにも共通しているのは、長期にわたって、隠ぺい工作が行われていたという点です。しかも、おそらくは何らかの形で、企業の経営層が関与していたということです。

組織の中で仕事をしている限り、部下として、表立って拒否するのは、経験上もかなり厳しい面があります。何とかやりくりしようとしますが、コンプライアンス上、問題があればあるほど、ハードルは高くなります。「上からの指示」と割り切って、突き進む者もいれば、躊躇して、一線を画す者も出るでしょう。

最終的には、出世や昇格、昇給のことを考慮し、どこかで妥協点を見出しながら、やむなく対応してしまうのが、組織人の常なのかもしれません。

経営する側から見ても、目標を達成しないと、自分の地位が危ういと感じた時は、ことが強行突破に及びます。更に、一度手を染めると、今度は発覚を恐れて、表に出ないよう、内部で画策することになります。そこで、側近として登用されるのが、間違っても裏切ることのない、「安心できる部下」です。

登用された相性の良い部下は、その後も、高い評価を得て出世するわけですから、ますます「忠誠を尽くす」ようになります。逆に、自分に歯向かい、立場を危うくする可能性のある部下は、もともと考えの合わない人種でもありますから、必然的に、重要なポストから遠ざけたり、排除したりすることになります。

株式を公開している上場企業では、不正や不祥事が起こらないように、様々な仕組みが設けられています。外部監査制度は、ファイナンス面で生じる弊害を未然に防ぐための、外部チェック機能として、ビルトインされています（最近は、機能しないケースも散見されますが）。

加えて昨今は、コーポレートガバナンスの強化が叫ばれ、内部統制の充実や、社外取締役制度の導入も進んでいます。にもかかわらず、「不祥事」が後を絶たずに起きてしまいます。

この現象は、単純に経営能力とか、管理体制の問題としてだけで、片づけるわけにはいきません。どうも、会社組織の奥深くで息づく、「相性の良し悪し」が影響していると思われます。

場合によっては、「相性の良さ」が、不正の温床を招く可能性もあります。何といっても、「上に行けば行くほど好き嫌い」なのですから。そう考えると、「相性」という「化学反応の副作用」は、実に壮絶かつ激烈である、と言わざるを得ません。

籠《かご》に乗る人、担《かつ》ぐ人！　どっちを選ぶ

「籠《かご》に乗る人担《かつ》ぐ人そのまた草鞋《わらじ》を作る人」という格言を、聞いた方は多いと思います。「世の中には階級・職業がさまざまあって、同じ人間でありながらその境遇に差のあることのたとえ。また、そのさまざまの人が、うまく社会を構成していることのたとえ」（出所：デジタル大辞泉）という意味で使われます。

人には、人それぞれ、自分に合った「落としどころ」が必ずあります。たとえ社内での評価が低くても、たとえ昇進できなくても、相性を超えたその先に、どこか必ず「落ち着く先」が存在します。

「籠」を、一部上場企業や一流企業、有名企業のような会社、組織として捉えることもで

きます。一方、社長や役員、部長、課長のような、役職に置き換えることもできます。

会社で働く多くのビジネス戦士は、どの「籠」に乗るべきか、「籠」の種類はどれにしようか、などに思いを馳せながら、日々ハードワークをこなしているのではないでしょうか。「今は、とりあえず担いでいるだけだが、いずれは乗る立場になってみせるぞ」と、虎視眈々とチャンスをうかがっていることでしょう。

人によっては、すでにその状態から抜けて、「このままずっと、担ぐだけでもいいかな」と達観しているかもしれません。状況によっては、担ぐふりをして、実際にはぶら下がるだけで、「少しでも楽をしよう」と、知恵を絞る輩もいるかもしれません。

出世できるかどうかは、所詮「上司との相性次第」です。どんなに一生懸命に担いでも、担ぎ甲斐がなくなれば、気持ちが変わるのも、理解できないわけではありません。

「担ぐだけ」や「担ぐふり」は、組織の中における生き方のひとつでもあります。どれを選択するかは、各人の考え方次第です。

また、成り行き上、意図しない展開になるケースもあります（むしろ、そういう場合のほうが多いのではないかと思います）。しかし、心底納得できる「落としどころ」が、長い社会人生活の中には必ず存在します。

問題は、その「落としどころ」が、いつ、どこで、どのように訪れるのか、誰にも分からないということです。気をつけていないと、知らず知らずのうちに、目の前を素通りしてしまうかもしれません。

でも、意識さえしていれば、必ず気づく時がやってきます。その「気づき」こそが、この本のメインテーマとなります。

第2章　人事制度に潜む罠

「人事は見ている」は、夢のまた夢

かなり前になりますが、会社に入って間もない頃、学生時代の友人と居酒屋で一杯やりながら、とりとめのない話題に花を咲かせていた時のことです。お互いの会社の話になって、ほとんど愚痴に近いことをしゃべっていたと記憶しています。すると友人が、

「大丈夫だよ、人事は見ているから」

と言うので、

「それってどういう意味？」

思わず、聞き返してしまいました。

当時の私は、関連会社の一支店に出向していました。しかも、異動して初めて分かったのですが、一旦出向すると人事権が出向先に移り、めったなことでは本社に戻れない仕組みになっていたのです。実質的な片道切符を手にして、右往左往していました。

本社人事部門に所属する社員は、わずか数十名です。少ない人数で、数万人規模の会社

の人事業務をまかなっていたので、出向中の若手ひとりを「見ている」感覚は、まったくありません。むしろ、本社人事から「見放された」という印象のほうが、強かったと思います。

友人の話によると、彼の会社では、人事の社員が「部門ごとに細かいフォローをしている」といいます。更に、もし明らかに問題があると判断した場合は、人事の立場から「サポートするような仕組みができあがっている」というのです。

「悪い評判が出回ると、注意が入る」ので、おそらく上司に対しても、同じようなチェック体制が整っていたのではないか、と推測できます。

何という羨ましい制度でしょう。その後も、いろいろな会社の、様々な職場で仕事をしてきましたが、「人事が見ている」職場は、ひとつとしてありませんでした。

人事権は誰の手にあるかを見極める

ここで、改めて「人事」という言葉の意味について考えてみましょう。

私たちが一般的に、「人事」という表現を使う時にイメージするのは、昇格や降格を含む人事異動や、人事評価を決定する「権限」のことではないでしょうか。これは、いわゆる「人事権」に相当します。

人事権の意味をひも解くと、「使用者が、自己の企業に使用する人員について、採用・異動・昇進・解雇などを決定する権利」（出所：デジタル大辞泉）とあります。「人事は水物」のような表現を用いる時にも、背景には、「人事権」の存在が見え隠れします。従って、絶大なる権限を有し、実際に、人事異動や人事評価を行うのも人事部である、と勘違いしてしまいます。

このあたり、よく混同して用いられるので、整理してみましょう。

人事評価など、人事制度に関する「仕組み」を作るのは、人事部です。しかし、仕組みを実際に運用して社員を評価するのは、「直属の上司」です。人事部が行うものではありません。

人事権は、あくまでも管理職である、直属の上司にあります。人事権を用いて部下を評価するのも、上司の大切な役割となります。なお、ここでいう上司という枠の中には、直轄部門の責任者や、経営幹部も含まれることになります（会社によって、多少の違いはあるかもしれませんが）。

一方、人事部は「評価」、「報酬」、「等級」に関する人事制度を構築し、仕組みが当初の目的に沿って、きちっと運用されているかを確認します。次に、各部門の上司が評価した内容に基づき、「昇格」や「降格」、「昇給」や「減給」の手続きを行います。人事異動の「発令」も、そのひとつに過ぎません。

人事評価は何のためにあるのかを知る

会社組織の中で働いている社員は、誰でも、自分がどのように「評価」されているのかを、気にしながら仕事をしています。多くの人にとって、「己《おのれ》の評価」が最大の関心事といっても過言ではありません。良い評価を得て、昇給、昇格し、出世することを目標に、日々の業務に励んでいます。

ひと昔前ですと、立身出世を目指す、企業戦士のイメージもありました。栄養ドリンクのコマーシャルにあった、「あなたは24時間戦えますか?」というインパクトのある、キャッチフレーズが思い出されます。

最近では、時代の変化とともに、ワークライフバランスを重要視する傾向も、見受けられます。仕事と生活のバランスを見直すことは、実に大切だと思います。特に、日本の場合、いまだに「オン」と「オフ」の切り替えがうまくできない職場も多いので、この流れが、更に発展することを期待しています。それでも、自分が会社から「どのように評価されているか」に無頓着な従業員は、おそらくいないのではないかと思います。

人事評価の意味を要約すると、「社員に対して、仕事の成果に対する公正な処遇を行い、働く意欲を向上させる」ということになります。

会社は、業績の向上を目標として、従業員に少しでも良い成果を挙げてもらうために、様々な人事制度を設計します。加えて、「従業員満足度の向上」や、「評価の公平性」を追求しながら、少しでも効果のある、良い仕組みを構築しようとします。

その根幹を成すのが、人事評価の基準を定める「評価制度」と、階層や役職を規定する「等級制度」、及び、給与等を定める「報酬制度」です。この3つを、バランス良く連動させながら、効果的な制度設計を行うことになります。

しかし、本質的なところでは、所定の利益を挙げるために、全社員がやる気を持って、仕事に取り組めるような制度を作ることになります。必然的に、「ひとつでも上を目指す」仕組みとなって表れ、往々にして、席の配置など、目に見える形でも表れます。

会社にもよるでしょうが、部長や課長になると、机の向きが反対になって、部下を見渡す形になります。また、役員になると、個室があてがわれる場合もあります。外資系の場合、ディレクタークラスは、ほぼ間違いなく個室となります。

また、日系の会社では、役員専用のお抱え運転手がつくケースもあります（最近は減ってきたと聞いていますが）。新幹線のグリーン席や、飛行機のファーストクラスが使用できるのも、分かりやすい「特権」であると言えます。以前、日系企業で役員とふたりきりで出張した際には、お供としてグリーン席に座らされたこともありました。

施策は、肩書にも表れます。事業部長や本部長にはなれなくても、「副事業部長」とか「副本部長」のように、「副〇〇長」といった職責を用意することで、少しでも多くの社員が出世した気分を味わえるよう、工夫を凝らします（日系企業でよく見かけます）。

名刺に入る「肩書」に至っては、もっといい加減で、時には、本来とは違う職責を表記することもあります。人事制度上は、課長職でなくても、社外的な効果も兼ねて、「担当課長」のような肩書を用意する場合が、相当するのではないでしょうか（このケースは、外資系企業にも散見します）。

以上のように、会社には、社員の「出世意欲をあおる」ことで、業績向上を図ろうとする一面があり、人事制度も、有効な手段として活用されることになります。働く側からすると、「昇給、昇格して偉くなって、社内でも注目される存在になりたい」という潜在意識が刺激されるので、つい人事制度の仕組みの中で踊ってしまいます。

ところが、上に行けば行くほど、ポストの数は減ります。全員が、仲良く出世できるはずはありません。いつか、どこかで、誰かがふるいにかけられて、「出世レース」から脱落することになります。実際、多くの会社員は、自分がふるいにかけられるまで、事実を意識することはありません。

大半の社員は、「まさか自分に限って、そんな目に遭うはずはない」と信じて仕事をしています。また、そう信じていないと、仕事も前向きにできません。しかし、この事実は、会社という組織の中にいる限り、避けて通れない現実でもあります。

古き良き年功序列は根強い

人事評価の仕組みを、自分のためだけに、ひとりで作り上げることはできません。評価制度は、入った会社にすでに存在しているもので、その枠の中で工夫を凝らしながら、上手に泳ぐ術《すべ》を、身に着けていくことになります。

世の中には、いろいろな種類の人事制度が存在します。また、時代の変遷と共に変化し、進化しています。

私が社会人デビューした頃は、「年功序列型」の人事制度が当たり前の世界でした。仕組みは単純明快で、在籍年数に応じて給料が増え、役職も上がるようになるので、必然的に、「偉いさん」と呼ばれる役職者は、年配の方で占められていて、我々も、滅私奉公すればあの地位にまでたどり着けるという、「暗黙の了解」がありました。

古き良き時代といえばそれまでですが、不思議な事態に遭遇することもありました。

入社4年目だったと思いますが、同期数名と、給与明細を見せ合ったことがあります。当時の会社では、入社して3年間は、基本給に差がつかない仕組みでしたので、どれくらいの差がつくのか、興味本位で「えい、やー!」でやってみたのです。

すると、確かに差のついている同期もいました。しかし、差額は実に微妙で、あっても数百円程度でした。「なーんだ、そんなもんなんだ」当時の率直な感想でした。同時に、もっと驚くべき事実を知ります。

同期のひとりは、すでに結婚していました。その妻帯者の支給額が、他の同期と比べて飛び抜けて多いのです。中身をよく見ると、「家族手当」という名目の手当てが支給されています。

しかも、その金額が、基本給の差に比べると、桁違いに多かったので驚きました。「結婚すると、給料が増える」という現実を知った瞬間でした。

この出来事から、会社から支給される給料が、必ずしも仕事や実績と連動しないことを学びました。若くして結婚すると、年功賃金では暮らせないとの配慮からなのでしょうか。かくいう私も、結婚してからは、その恩恵にあずかることになります。

余談ですが、収入が「多い少ない」に関しては、その頃は、まだどちらかというと無頓着でした。それよりも、とにかく早く仕事を覚えて、与えられた目標を達成することで、一人前として認められることのほうが、重要な関心事でした。きっと、昇格して「偉く」なれば、給料も自動的に増えていくと信じていたのでしょう。

更にもうひとつ、会社の「表彰制度」が影響していたように思います。

この会社には、営業成績を達成した担当者を、定期的に表彰する制度がありました。しかも、表彰状は個人名で、営業責任者より直接手渡されるので、担当者によっては、強烈なモチベーションに結びつくことになります。

ほめられたり、表彰されたりすると、金銭を受け取った場合と同じ脳の部位が反応することを、かなり経ってから知りました。

たかが「紙っぺら1枚」で、あたかも「大金」を手にした気分になるわけです。結果的に、「会社の思うつぼ」でしたが、その頃身に着けたノウハウで、その後のキャリアを構築できたことを思うと、当時の職場には心より感謝しなければなりません。

今度は、バブル真っ盛りの頃の話です。

当時は、新卒社員の基本給が、うなぎ上りで上昇していました（ちなみに、今の新卒の初任給は、この頃に形成されたものです）。そんなある日、本社から通達を受け取ることになります。内容を要約すると、

・新入社員の初任給相場が高騰している。
・人材確保の観点から、新卒の基本給を上げざるを得ない。
・それに伴い、ベテラン社員の基本給も上げる必要がある。
・このペースでいくと、年功序列型の賃金体系が維持できなくなる。
・そこで、○○年新卒入社組の基本給を1年間据え置くこととする。

といった感じでした。早い話が、同期一同、給与据え置きの連絡です。

バブル真っ盛りの時代に、普通であれば、思いっきり上がってもおかしくないはずの給料が、何と1年もの間据え置きになるとは、予想すらできませんでした。年功序列型賃金制度の弊害を、垣間見た瞬間です。

こちらも余談ですが、同じタイミングで、営業目標も、大幅に増えてしまいます。ただでさえ高いと感じていた目標が、世の中のペースと連動するがごとく、底上げされました。確かに、商品は凄まじい勢いで売れていましたが、その分、日々の業務も多忙を極めていました。「1枚の表彰状」が、唯一の救いだったと記憶しています。

バブル時代の思い出は、こと仕事に関しては、いいことばかりではありませんでした。今度は、課長職に昇格した時の話です。初めて手にした給与明細を、ワクワクしながら開けてみました。すると、基本給が変わっていません。以前と同じで、当然のことながら手取りにも変わりがありません。

「これはどうしたことか」と調べてみると、「会社の制度上、昇格しても基本給は変わらないが、ボーナスがそれなりに増える」仕組みであることを知りました。

年功序列型の報酬制度の本質は、勤続年数にあるので、基本給もおのずと「職責ではなく、勤続年数に依存する」というわけです。あらかじめ認識していればよかったのですが、あいにく無関心だったため、ショックを受けたことを覚えています。

こちらも、年功序列の「成せる業」というべきでしょうか。しかし、いろいろな会社で、様々な種類の人事制度を経験していくうちに、年功序列型も、あながち「否定できないところがある」と気づくようになります。

成果主義に個人評価はない

成果主義という言葉が語られるようになってから、すでにかなりの年月が経過しています。当初は、多方面から注目され、画期的な制度として取り上げられました。

バブルが崩壊して、未曾有の不況に突入した頃でしたので、各企業とも、何かにすがるかのごとく、「年功序列」に見切りをつけて、「新しい人事評価の仕組み」に移行していきました。

その頃、「成果主義」なるものを、転職先で初めて経験します。

転職した会社では、新しい人事制度として、成果主義に基づいた仕組みを構築したばかりで、実際に運用するのは初めてでした。制度は、多岐にわたる、複雑な要素で構成されていたのですが、大雑把にいうと、「個人の成果と、会社の業績に応じて、年俸が決まる」という内容でした。

そうこうしているうちに初年度が終わり、新制度に基づいて、「人事評価」が行われることになったのです。

その年の会社の業績は良く、利益も予定通り確保しました。間もなくして、各人の人事評価が、新しい報酬制度のもとで実施されました。すると、年俸が前年を下回る社員が続出してしまいます。

最大の理由は、成果に対する評価基準が曖昧で、上司によって判断がバラバラになってしまったことにあります。後で聞いた話ですが、中には「相性の悪さ」が、露骨に反映されたケースもあったようです。

もっと大きな誤算は、従業員の反乱です。「昨年にも増して頑張って、成果を出して、会社も利益が出たにもかかわらず、我々の報酬が下がるのはどうしてだ。納得できない！」表立ってではありませんでしたが、主力メンバーからの強烈な突き上げを食らって、結局「前年並みの給与を支給することになった」と記憶しています。

日系大手企業で働く知人の話によると、やはり、この頃に人事制度の見直しがあります。それまで、ばらつきのあった管理職の基本給が統一された結果、年配管理職の年収が、大きく減ってしまいました。

この仕組みは、後に、大量定年を迎える団塊世代の、人件費削減を兼ねた制度としても、うまく機能したようです。

以前在籍した会社の仲間からも、同様の話が舞い込んできます。当時の会社も、同じ頃成果主義に移行した結果、役職者の年収が、いきなり大幅に下がったのです。

新しい仕組みの詳細は聞いていないので、はっきりしたことは言えませんが、新聞などで知る限り、会社の業績自体は、売上、利益ともに極めて順調だったので、おそらくここでも、管理職の基本給見直しが影響したのではないかと思われます。

同時に、上司による「好き嫌い」評価に、拍車がかかった可能性も否定できません。

以前、新聞でこんな記事を目にしました。

「1990年代後半から2000年代にかけて、多くの日本企業が成果主義の導入を検討し、そして実行に移しました。しかし、成果主義の導入が期待した成果を生まなかった、あるいは逆に士気と生産性を低下させたと評価される事例が相次ぎました。そのため、成果主義は日本の風土に合わないと主張する声もありました」（やさしい経済学　第10章「良い組織・良い人事」　東京大学教授・大湾秀雄、日本経済新聞　２０１4年4月16日）

　記事は続きます。

「本当にそうでしょうか。〈中略〉　主な問題は、現代の多くの職業については、商人の生み出す利益であるとか、戦いにおける勝利とそこで勝ち取った戦国武将の首の数のような客観的な成果指標がなく、成果全体が正確に測れないことでしょう。

　そのため、成果指標で測れないものが無視され、例えば同僚や他部署と協力・連携するということが阻害されたりします。また、成果を良く見せるために、目標設定や販売計上時期を操作するということも起こり得ます。成果指標が主観的であれば、経営側の契約順守姿勢も弱まり、会社の人件費抑制のために、評価を合理的な理由もなく引き下げるという行動にもつながります」

　成果主義の最大の問題は、「個人としての成果」が測りにくいことです。また、企業経営者が「人件費抑制の手段」として、悪用する場合も考えられます。

　人事制度は、従来の年功序列型から脱却して、成果主義に移行するという、歴史的な変遷を経て今日に至っています。その過程で発生する、様々な問題を解決しながら、改善を図ってきました。

しかし、成果主義の抱える「本質的な矛盾」が顕在化する中で、多くの日系企業は、再び大きな「転換期」を迎えているような気がしてなりません。

外資系企業のシンプルな成果主義

外資系企業で経験した成果主義の仕組みは、個人的な見解ではありますが、人事制度としては、実にシンプルなものでした。

まずは、期初に各人が勝手に目標を3つ掲げ、上司のレビューを受けます。その際に、部下が設定した目標を、上司が大幅に訂正することは、滅多にありません。期末になると、目標に関しての達成状況を記入し、上司の最終評価を受けます。

評価に関する、上司とのオフィシャルな話し合いは、1年を通してその2回だけです。その後、評価に応じて報酬額が決まります。年俸制でしたので、金額はある程度確定していましたが、インセンティブボーナスで多少の変化はありました。

しかし、会社の業績いかんで、年収が乱高下することはなく、むしろ毎年、着実に増えていきました。年収の増え方は、上司との相性が良い時ほど大きくなった記憶があります。また、この会社には、全社の利益が予定を上回った場合に実施される、「プロフィットシェア」という制度がありました。世界中の全社員に、余剰利益を、隈なく還元する仕組みです。時に、相当額の臨時収入が入りますので、仕事に対するモチベーションは、大いに盛り上がることになります。

外資系企業の経営理念の根底には、株主への増配と同じレベルで、「人的資本にも利益還元する」というポリシーを感じます。また、社員に対する利益還元の思想が、人事制度にも反映されているように思えてなりません（少なくとも、私が経験した外資系はそうでした）。

もうひとつ、特筆すべきことがあります。外資系と聞くと、一般論ではありますが、実力主義が徹底していて、給料も、もらえる時は沢山もらえるが、何かあるとすぐにリストラされるなど、かなり荒っぽい印象があると思います。

確かに、その一面は否定できません。仕事についていけなくなった同僚は、早々に辞めていきますし（辞めざるを得なくなる、といったほうが適切でしょうか）、その後釜として、新しい仲間がすぐに入ってくる、といったことはよくありました。

また、ヒラ社員で転職してきた者が、数年後には部長職に抜擢されるケースもありました。まさに、下剋上の世界でもあると言えます。

しかし、経験上、普通にやっていれば（上司との相性次第ではありますが）、給料は、勤続年数に応じて、毎年間違いなく上がっていきます。「成果主義の権化」と思われている外資系企業にも、実は、年功序列的な要素が、さりげなく入っているようです。

会社の中には、ある程度の年月をかけないと、結果が出ない仕事や職場も、数多くあります。考え方によっては、勤続年数を重視するほうが、「生産性の向上」に適している場合もあります。あくまでも、制度の運用次第ということになります。

外資系企業の日本法人で、社長として、長年活躍している知人の話です。

「成果主義は、全社の業績が今後も拡大していくという大前提のもとに成り立つもので、その環境があって初めて、個人の成果も出せるんです。継続して良い業績が見込めないのであれば、むしろ、昔の日系企業にあった年功序列制度のほうが、はるかにフェアな評価ができると思いますよ」

会社業績の継続的な拡大が見込めなければ、成果主義は「逆効果」になる、ということでしょうか。

なお、この会社は、グローバルベースで、10年以上にわたり、増収増益を続けており、その間、「ベースアップ」も、毎年継続して実施しているとのことです。「業容拡大の成せる業」かもしれませんが、特筆すべき事例であるとも言えます。

多面評価の盲点！　匿名性はない

成果主義とほぼ同じタイミングで一世を風靡《ふうび》したのが、多面評価の制度です。この制度は上司や部下、同僚が、対象者の社内における行動について観察した内容を、本人にフィードバックする仕組みで、いわゆる、人事上の評価ではありませんが、それを補完する形で、幅広く導入されています。

結果を人事評価の一部として、評価制度に組み込んでいる会社もありますが、一般的には評価の内容を補うもので、上司の、部下に対する偏った判断を、けん制する役目も果たすことになります。

「多面評価」にも、忘れられない思い出がいくつかあります。

まずは、日系企業で仕事をしていた時のことです。その会社では、年に1回、部下が上司に対して、無記名でアンケート調査を行うようになりました。

アンケートは、極秘扱いとして、直接人事部に提出する仕組みだったので、日頃感じていることも率直に記入できます。せっかくの機会なので、本音で書いて提出することにしました。

後になって分かったのですが、この時の多面評価制度には、重要なことがふたつ隠されていました。ひとつ目は、アンケート調査の結果が集計された後、上司に直接書面で通知されることです。

ふたつ目は、アンケートに記入する基本情報の中に、評価者本人を絞り込める項目が含まれていたということです。しかも、フィードバックされる内容には、その基本情報も入っていたのです。後日、上司に呼び出されて、問い詰められたことは言うまでもありません。

そのようなことがあったので、次の会社では、注意して対処することにしました。

具体策として、会社の上層部が評価していると感じた上司には、意に反して、意図的に良い点数をつけました。本当は、平均点以下をつけたかったのですが、逆に、高い評価をして、様子を見ることにしたのです。

後で判明したのですが、この会社でも、「誰が、誰を、どのように」思っているのか、がある程度分かってしまう仕組みで、危うく同じミスを犯すところでした。

なお、人事にいた同僚の情報によると、経営陣から評価されていた上司の多面評価は、周りと比べて、「突出して高かった」そうです。皆、「考えることは同じ」ということでしょうか。

もうひとつ、今度は水平評価のケースです。

当時の会社では、通常の人事評価とは別に、同僚社員の日々の行動や、適性についての調査を行っていました。こちらも、当然無記名なので、本音ベースで書けるのですが、フィードバックの際に、やはり何となく「誰が、誰を、どのように」思っているか、が分かってしまいます。

その結果、気がつくと、社員同士が半信半疑に陥り、職場が気まずい雰囲気に包まれることもありました。

ちなみに、私が経験した外資系企業では、「多面評価」なるものは一切行われていません。意外かもしれませんが、上司や同僚に対して、アンケート含め何かを確認するという場面は、まったくありませんでした。

その観点からすると、社内で余計な気遣いをすることはなかった、と言えます（別の意味で気をつけないといけないことは、多々ありましたが）。

また、知人が勤める外資系企業の多面評価は、「昇格する際にのみ、他部門の管理職からフィードバックをもらう仕組み」とのことです。別の外資系企業に勤める友人の話によると、毎年必ず行われる多面評価はなく、「数年に1回のペースで、上司が部下や同僚を何人か指名する形」で行われるそうです。

どうも、多面評価という仕組みは、予想に反して日系企業のほうに、本来とは違う趣旨で、深く根づいているようです。

社内公募　すべては会社のため

人事評価のシステムではありませんが、普段行われる人事異動の枠組みを飛び越えて、社内異動する仕組みが、「社内公募」と呼ばれる制度です。

導入している会社もあれば、そうでない会社もあるというのが実情ですが、直属の上司や部門の意向とは関係なく実行されますので、部下にとっては、まさに夢のような仕組みです。

「希望と違う仕事をやらされている」あるいは、「とりあえず満足はしているが、もっと違うことにチャレンジしてみたい」と考える社員は、多いのではないでしょうか。

しかし、普段の職場では、上司の意向に反して異動することは、まずありません。自分の意思に従って、「希望通りの業務に就く」などという離れ業は、通常の職場では、よほどのことがない限り実現できません。

上司にとって、仕事ができる部下は、相性の良し悪しにかかわらず、都合の良い社員として、そばに置きたいと考えます。場合によっては、際どい「ウソ」をついて、部下の栄転をもみ消してしまうこともあります。

職場における実態を考慮すると、「社内公募」という飛び道具は、やる気のある社員にとって、実に「魅力的」な制度に映ります。人事部の立場からも、人材の活性化を促進して、社内の活性化につながるのであれば、これまた「魅力的」となるわけです。

対外的にも、良いイメージがあるので、会社として、洗練された「最先端の施策」をやっているような気分になるのも否めません。

以前在籍した日系企業でも、社内公募制度が、新たに導入されることになりました。全社を挙げた「画期的な施策」として登場したので、おそらく、多くの社員がこぞって応募したのではないかと思います。

何を隠そう、私もそのひとりでした。でも、応募の理由はこの制度を使って異動するため、ということではなく、制度の抱える「問題点」を、直接人事部に伝えることにありました。

当時、この仕組みを使って、優秀な先輩が他の部署に移ったのですが、後任の補充がありません。この制度、何と「補充なし」を前提として導入されていました。「精鋭」だったかどうかはさて置き、「少数」で切り盛りしていた部署にいたので、補充がないことで、現場はしばしば、混乱した状態が続くことになったのです。

他の部署で挑戦してみたい仕事も、当然ありましたので、一旦エントリーしました。しかし、日々ノルマを抱えて、悪戦苦闘の最中に起きたあの混乱は、どうにも納得できず、何とか直訴の機会を得たい一心で、行動に移したと記憶しています（まだ若かった、ということも影響したのでしょうが）。

無事応募書類が通過して、指示通り隠密裏に人事部を訪れると、いきなり、事業部長クラスの幹部との面接です。冒頭、エントリーしたポストの志望理由を伝え、いろいろな質問に答えた後で、かねてからの疑問をぶつけてみました。

「どうして異動した社員の補充がないのですか？　優秀な人材を抜かれた現場は、とても大変な状況になってしまうんです」

人事幹部から返ってきた答えは、実に単純明快なものでした。

「この仕組みは、全社的な観点で業績を挙げ、成果を出すのが目的である。従って、一営業部門が混乱することになっても、大した問題ではない。現場レベルで解決すべき事柄と認識している」

この回答に、当時は驚きを隠し切れませんでした。冷静に思い返すと、まったく理解できないわけではないのですが、仮にも、本社中枢の人事部が、仕事のできる人材を直接引っこ抜いておいて、「できた穴を埋めるのは、お前たちの仕事だ！」と言われたら、さすがにカチンとくるのではないでしょうか。

社内公募は、経営側からすると、「社業発展」を目的として行われるものだということを、認識しなければなりません。「埋もれている、貴重な人材を発掘する」大義名分も、確かにあります。一方、希望通りの部署に異動する社員にとっても、その瞬間は、とても心地良い仕組みであると言えます。

しかし、もし貴重な人材が発掘できて、適材適所の異動ができたのであれば、新しい部門でも貴重な戦力として、活躍し続けるはずです。当時の会社に限った話ではありますが、私の知る範囲では、社内公募で新天地に赴いた「人材」は、皆異動して間もなく、また次の職場へと移って行きました。

もちろん、職場にはそれぞれいろいろな事情があって、実際に身を置かなければ分からないことも、多々あると思います。本人が希望して異動したのであれば良いのですが、必ずしもそうとは言い切れません。仲の良かった同僚に至っては、ほどなく転職で会社を去ってしまいます。

彼は後に、転職先で身に着けたノウハウを活用して、会社を立ち上げることに成功しており、現在も社長業を務めています（間違いなく、「人材」であったという証しでしょうか）。近況を聞く限り、多忙ながらも、充実したビジネスライフを満喫しています。

参考までに、過去に在籍した会社の役員の中には、元同僚もいましたが、彼らに共通しているのは、入社してから直近に至るまで、一貫して、同じ部門で仕事をしているという事実です。

今いる会社で、立身出世を願うのであれば、「社内をあっちこっち、うろちょろするよりも、1ヵ所でたたき上げたほうが身のため」という構図も、浮かび上がってきます。飛び道具として社内公募制度を使う時は、会社から「抜擢」されたと同時に、会社の「駒」となって異動する、と認識したほうが良いでしょう。

外資系のジョブ・ポスティング

社内公募の話つながりで、私が経験した外資系企業で行われている社内公募、「ジョブ・ポスティング」の仕組みについて、簡単に紹介しましょう。

最近では、日本の会社でも、同じような運用が行われているケースもあるかもしれませんが、一般的な外資系企業のジョブ・ポスティング制度は、あくまでも「オープン・ポジションありき」で行われます。

業務遂行上、不可欠なポストに空きが出た時に、「社外」から転職者を募集する前に、まずは「社内」で該当する人材がいないか、探しに入ります。募集要項は社内のウェブサイトに掲載されるので、社内で欠員が出たという事実は、社員全員がその情報を共有することになります（諸事情で、公にできないポジションもありますが）。

応募する際は、こちらも当然のことながら、上司を飛び越えて、直接人事部にエントリーすることになりますので、基本は「極秘扱い」です。応募者が出る都度、選考を行い、良い候補者が見つかれば、その社員が社内異動となります。

この方法をとると、外部から人を新たに採用するよりもはるかに早いタイミングで、しかもコストをかけずに効率良く、所定のポストを埋めることができます。

社員にとっても、希望の仕事に移行できるわけですから、双方にとってありがたい制度と言えます。一方で、部下を引き抜かれる上司とその部署は、当面大変な思いをすることになります。しかし、人員枠さえ確保されていれば、再度、ジョブ・ポスティングの仕組みを活用し、社内で補充できる人材を、探しに行くこともできます。

社内でいい人材が確保できなければ、外部から採用する運びとなります。また、急ぎの場合は、社内のジョブ・ポスティングと、社外からの即戦力採用を同時進行させます。外部候補者の面接が進んでいるにもかかわらず、「社内を優先」する形で募集が終了してしまうことも、たまにあります。

外資系のジョブ・ポスティング制度は、必要なポジションを埋めるために行われるので、

「社内の人材活性化」とか、「社外に対する広報活動」などの「大義名分」よりも、もっと現実的な路線を追求することになります。

「良い人材がいれば、いつでも」などの「ポテンシャル枠」を常時設けるケースもありますが、空いたポストを、いち早く埋めなければならない採用担当者にとって、「社内公募＝ジョブ・ポスティング」は、極めて便利な仕組みであるとも言えます。

相性次第のサバイバルゲーム

世の中には、様々な種類の人事制度が存在し、それぞれの趣旨に則った評価基準が設定されます。ひと昔前の「年功序列型」から、進化した「成果主義」に至るまで、いろいろな仕組みが、時代を反映する形でできあがり、試行錯誤を繰り返しながら、日々進化し続けることになります。

しかし、世の中に完璧な制度など、できるはずがありません。それは、時の経営陣が自らの手で作り上げた「都合のいい尺度」でもあるからです。

中身を見ても、絶対に正しい評価など存在しません。実際に、仕組みを用いて評価を下すのは、制度のいかんにかかわらず、人事権のある上司です。しかも、最終的に評価を決定するのは、上司と部下の間に存在する「相性」になります。

更に、相性が「いい、悪い」は職責が「上がれば上がるほど」評価に大きな影響を与えます。なぜなら、己《おのれ》の身を守る「動物的本能」が、「上に行けば行くほど」本領を発揮するようになるからです。

こればかりは、どうにも止めようがありません。

会社は、収入を得たり、キャリアを構築するところであると同時に、生き残りをかけた「戦いの場」です。仕事ができるとかできないとか、職場が楽しいとかつまらないとか、業務がラクとかキツイという次元を超えて存在します。まさに、「サバイバルゲーム」の場であると言えます。

長い会社人生、必ずどこかで、相性の悪い上司とも巡り合います。仮に相性は良くても、相手が損得勘定に長けた上司だと、使い勝手の良い「便利屋」として使われてしまいます。かなり前になりますが、相性の良かった上司から、「くれぐれも、便利屋にだけはなってはいけないよ」と、アドバイスをもらったことがあります。

言い換えると、「器用貧乏にはなるな」とも受け取れます。当時、多少なりとも幅広い業務を、無難にこなしていたので、きっと、先々のことを心配してくれたのでしょう。その上司はすでに他界していますが、この言葉は今も忘れることなく、心の奥底に刻んであります。

とはいえ、部下が上司を選ぶわけにもいきません。上司の評価次第で、思わぬ苦境に立たされることもあります。「サラリーマンの悲劇は、部下は上司を選べない」は、なかなか的を射た格言であると言えます。

付け加えると、「中間管理職の悲劇は、上司も部下も選べない」でもあります。この「悲劇」にはまると、もうどうにもなりません。相性の悪い上司と、言うことを聞かない部下が同居するのですから、悲劇を通り越して、ほとんど「喜劇」の世界です。笑ってやり過ごすしかありません。

会社組織の中で生きていくためには、たとえ上司との相性が悪くても、気が合わなくても、明らかに「嫌われている」と感じる時も、上司と上手に付き合っていくことになります。上手に付き合いながら、組織の中をしたたかに、泳いでいかなくてはなりません。大変なことではありますが、頭の中を切り替えて、所詮は「好き嫌い」と割り切る必要があります。

では、実際に組織の中を生き抜くために、できることは何なのでしょうか。次の章では、組織を生き抜く「サバイバル術」について見てみましょう。

第3章　組織の中を生き抜くために

上司の癖を見抜け

相性の良し悪しとは必ずしも直結しませんが、組織の中を生き抜く上でためになるのが、人事権を有する上司の「癖を知る」ことです。意外と見過ごしてしまいますが、知っているると、結構便利な時もあります。「あなたの上司の癖を知っていますか？」と問われて、すらすらと答えられる部下は、少ないものです。

「あれ、改まって聞かれると知らないなあ。何だろう」そう悩んでしまう方もいるのではないでしょうか。「知っているけど、その『癖』が大嫌い」という方もいるかと思います。また、往々にして、気づいていない場合もあるかと思います。

しかし、知るに越したことはありません。プラスに変換することができれば、「なお良し」です。

以前、こんなことがありました。新しい部門に異動して、先輩から仕事の引き継ぎを受けている時です。先輩いわく、

「どうしても上司の了承を得たいことが出たら、一緒に外出している時に、気軽にお願いするとうまくいくよ」

「本当ですか？　そんなに簡単にいくんですか？」

見るからに強面《こわもて》な上司で、デスクで怒っている姿を、よく目《ま》の当たりにしていたので、思わずそう聞き返してしまいました。

「大丈夫。下手に社内で話すよりも、はるかにやりやすいから」

それから間もなくして、少し面倒な問題に直面することになります。確実に承認をもらわないと、今後の業務上、支障をきたしかねない内容だったので、前任者の助言に従って、社内では打診せず、一緒に外出するタイミングで、話を切り出してみました。

「実は、先日、こんなことがありまして、どうしても早めに処理しないとまずいんですが、いかがいたしましょう」

「そうか、分かった。いいよ。帰ったらすぐに申請書出しとけ。決済しておくから」

本当に、先輩の言った通りでした。実にあっけないというか、特に細かい説明をするまでもなくオーケーになるのですから、まさに効果てきめんです。

「ありがとうございます！」ひと言お礼を言って、一件落着です。

なぜ、外出中に相談するとうまくいくのか、は分かりませんでしたが、それからも、このパターンは「勝利の方程式」となって、たびたび窮地を救ってくれました。

上司には、想定外の「癖」があったりします。上司の癖を上手に味方につけて、いい意味で活用すると、思わぬ効果を発揮することになります。先輩の助言に、改めて感謝したのは言うまでもありません。

せっかくですから、もうひとつ、上司にありがちな癖を紹介します。

上司の中には、ある特定の「言葉」に、敏感に反応する人がいます。最初の頃は、気づかないかもしれませんが、だんだんと分かるようになります。

上司が、その言葉に反応する時は、どちらかというと悪いパターンにハマるので、未然に防げるのなら、防ぐに越したことはありません。日頃の上司の話しぶりや、言い回しの中で、該当する言葉はないか、注意深く観察してみても良いのではないかと思います。

上司の上司との付き合い方

直属の上司の、そのまた上にいる上司から気に入られてしまった、という経験をお持ちの方もいるのではないでしょうか。部下であるあなたが、上司である課長を飛び越えて、部長から、かわいがられるような場合です。

部下が若いうちはまだいいのですが、役職がつくようになると、上司は「近い将来、追い抜かれるのではないか」という嫉妬心に取りつかれます。「部長職の部下が、上司である事業部長を越えて、役員から気に入られる」レベルになると、地位が逆転する確率が高まり、嫉妬心は更に強くなってしまうものです。

そこまでいかなくても、「こいつ、俺のことをチクったりしないだろうな」など、やっかみを買うことになります。この感情は、大なり小なり誰しもが抱くもので、人間として無理からぬことでもあります。しかし、上司の立場が悪くなると、思わぬ保身に走って、とばっちりが部下に及ぶことも想定されます。

すでに、第1章で触れたように、人間の持つ「嫉妬心」は、かなり根深いものです。ところが、上司が、自分に対して嫉妬していることに気づかない場合もあります。特に、大ボスから高い評価を受けた時などは、有頂天になって舞い上がってしまい、直属の上司の立場を忘れてしまいます。

上司としても、自分の部下が高い評価を得ること自体は、上司の指導力が評価されていることでもあるので、必ずしも悲観する必要はないのですが、時と場合によっては、心穏やかではありません。更に、立場が上になるほど、「ひょっとすると、本当に追い抜かれてしまうのでは……」という焦りから、恐怖心が芽生えるようになります。

たとえ、直属の上司の上とのパイプができて、認められるようになったとしても、目立った行動や深入りは禁物です。適度な距離を保ちながら、上手に立ち回り、バランスを考慮した応対をすることが必要です。

せっかくうまくいっている上司との関係が悪くなっては、元も子もありません。ここはひとつ、冷静に状況を見つめ、上司の心情も察しながら、臨機応変に対応することになります（上司との相性が良くない時は、言うまでもありません）。

また、上司を越えて直訴したり、提案したりする「上司越え」も要注意です。どうしてもそうしなければならない状況になった時は、慎重な配慮が欠かせません。

たとえその行動が、部署にとって良い結果に結びついたとしても、頭越しにやられた直属の上司のメンツは、丸つぶれです。どんなに良好な関係を築いていたとしても、どんなに温厚な性格だろうと、何らかの形で、しこりは残ってしまうものです。

その場合は、上司にも「花を持たせる」工夫が必要となります。理想は、直属の上司経由なのは当然ですが、それがままならないのであれば、自己防衛策を講じなければなりません。例えば、何でもいいので、どこかに上司の絡んだ形跡を、さりげなく潜ませておくといった配慮などです（言うは易し、で実際はなかなか難しいのですが）。

明日は我が身、我が上司

以前勤めていた職場での話です。別の部署に、新しいマネージャーが異動してきました。私が所属する部署の後輩が、過去に一緒に仕事をしたことがあって、

「あの人、少し癖があるんですよね。どうも素直についていけないというか、あまりお近づきになりたくないなあ」

そう周りに漏らしていたので、「そうか、それは気をつけなくてはいけないいな」という気持ちになっていました。

そんなある日、外出した帰りに、そのマネージャーと偶然一緒になりました。その方は、気さくなところもあって、気軽に話しかけてきます。

「仕事のほうはどう？　うまくいっている？」

後輩からインプットされた情報があったので、

「ええ、まあ」

不愛想ともとれる返事をしました。

するとマネージャーは、気にする様子もなく、また話しかけてくるので、どうしても歯切れの悪い応対に終始してしまいます。おそらく、私に対する印象は、決して良いものだったとは言えないでしょう。

それから間もなくして、社内で人事異動の発表がありました。何と、例のマネージャーが直属の上司となったのです。

「しまった。あんな応対なんかしなければよかった。どうしよう」

内心、穏やかではありません。直接話した範囲では、それほど癖があるとは思えず、後輩の情報を鵜呑みにした、自分を責めたりもしました。と同時に、その後の挽回策も講じることになります。

当時は、部署も個人も、営業目標という数字を追っていたので、

「まずは実績を上げ続けて、信頼を勝ち得るしかない」

「でも、それだけでは足りないな。部下として、できる限りの誠意も見せなければ」

など、あれこれ考えながら、上司対策に精を出した記憶があります。幸いにも、日々仕事をする中で、その上司が大きな障害になることはなく、むしろ、数字を作るという観点からは信頼してもらえたこともあって、比較的良好な上下関係だったと思います（上司の本心がどうだったかは、知る由もありませんが）。

会社という組織の中にいる限り、いつ何時、誰が、自分の上司になるかは予測できません。「想定外」のことも起きてしまいます。従って、常に「不測の人事」に備える必要があります。周囲の意見や感想、噂話はあくまでも参考データです。

大切なのは、自分が直接本人と接した際に肌で感じたことを、最優先するということです。その上で、周囲から入ってくる種々雑多な情報を取捨選択し、総合的に判断しなければなりません。

もちろん、予測がはずれて、噂通りの結末を迎えることもあります。第1章で触れたように、上司が損得勘定で動いた場合には、せっかく信じて頑張った結果が、まったくの無駄骨となってしまいます。

されど、いきなり悪い印象を与えてしまうのは、得策ではありません。社内で関係する社員は皆、役職者や年配者に限らず、同僚や後輩も含めて「明日は我が上司」「どこかで私の上司」と考えてみることがあっても、良いのではないでしょうか。

割り切りも処世術

新しい部署に異動したばかりのことです。仕事のきりがいいところで退社していました。当たり前のことではありますが、仕事をする上での、個人的なポリシーでもありました。するとある日、同じ部署の後輩から、

「上長が帰るまで、帰らないほうがいいですよ」

と、助言を受けてしまいます。今度の上司は、どうも私が自分より早く帰宅するのが気に食わなかったようで、古株である後輩に愚痴をこぼしていたようです。

「でも、同僚の彼は早く帰っているじゃない？」

「ああ、あの人ですか。あの方は上長とは長い付き合いで、きっと気心知れた仲だから、大丈夫なんですよ」

「なるほど、そういうことか」

冷静に振り返ると、明らかに「理不尽」なことです。納得できないのなら、上司と直談

判という手もあります。

しかし、上司の方針である以上、少なくとも、ある程度の人間関係ができあがるまでは、従ったほうが「身のため」です。以降は割り切って、上司が帰るまで「付き合い残業」を決め込みました。

土曜日出社についても、同じような経験があります。その部署の責任者は、ほぼ毎週、決まって土曜日にも出社していました。部下に対しても、

「今週の土曜はどうするんだ？」

と聞いてきます。当然のことながら、返事はひとつ、

「もちろん出勤です！」

となるわけです（「そう言わされていた」というほうが、適切な表現かもしれません）。

はたして、土曜日がくるたびに社員一同、雁首揃えて私服で出社し、特にやることもない職場で、何となく過ごします。

「それじゃ、先に帰るぞ」責任者が部屋から出るのを見届けるやいなや、「待ってました！」とばかり、皆、そそくさと帰路につくのです。

昨今は、このような「付き合い残業」や「付き合い休日出勤」は減っているのかもしれ

ませんが（そう願っております）、過去には、間違いなく、至るところで「存在」していました。

まだ残っているとしたら、実に由々しき事態です。早急に改善してもらう必要があります。しかし、これぱかりは部下ひとりの力では、どうしようもありません。

人事権を有する上司が、そのスタイルを踏襲する以上、ここはひとつ割り切って「ギリギリのお付き合い」にチャレンジする、という選択肢もあります。あくまでも、次善の策としてですが。

方針転換に順応する

時代は、バブル真っ盛りの頃です。上司に呼ばれて、デスクまで行くと、

「おい。どうして今月のこの台数、こんなに少ないんだ？」

「はい。先月出た方針の通り、今月は台数を追うよりも、付加価値の高い製品にシフトして、単価を上げてみました。金額ベースでは、かなりいい線いったと思います」

「それは先月の話で、今月も台数なんだよ。台数落としちゃダメだよ、ダメ！　来月は絶

対に台数やれよ、分かったな」

会社の方針に従って、簡単ではない施策にチャレンジし、それなりの成果を出したのですから、おほめの言葉でももらえるのではないかと、内心期待していました。ところが、結果は逆で、思いっきり怒られてしまいます。

「では、あの単価を上げるという方針は、どうなったんですか？」

納得がいかなかったので聞き返すと、

「そんなものはもうない。台数シェアの追求あるのみだ」

回答は至って簡単、今までと何も変わらない、安売りの推奨です。正直、その方針に嫌気がさしていた頃だったので、「付加価値へのシフト」はとても魅力的に感じていました。

「よし、一丁やってやるか！」

そう意気込んでいた矢先に、出鼻をくじかれた格好で、その瞬間は、腹が立ったのを覚えています。

しかし、会社の方針は方針です。何よりも、上司からの指示です。

「はい、分かりました。台数ですね、台数をやればいいんですね」

冷静に考えれば、あれほど台数シェアにこだわっていた会社が、そう簡単に方針転換できるはずもなく、たとえしたとしても、成功する保証はありませんでした。従って、当時の「初志貫徹主義」は、理にかなっていたのかもしれません。

会社の方針は、意に反して、突然変更になることがあります。内容は、全社的な経営判断に基づく重要事項から、極めてローカルなルール変更に至るまで、千差万別です。

しかし、その方針に則って成果を出すことで、給料をもらっているのも事実です。そう考えると、「方針転換」にも、ついていかざるを得ないことになります。

朝令暮改は当たり前

次に、「方針転換のレベル」を軽く超えた事例を紹介しましょう。日系企業のオーナー社長と、緊急会議で直接やり取りをした時のことです。

「それで、例の件はどうなった？」

「はい、あの件はスケジュール通り順調に進んでいて、もう間もなく、サンプルができあがってきます」

「何？　スケジュール通りに進んでいるだと？　何で止めないいんだ」

「え？　止めるんですか？」

「当たり前だろ！　あんなもん、うまくいくわけがないだろう。それとも、成功するとでも思っているのか?!」

例の件とは、いくつか同時進行していたプロジェクトのひとつで、社長肝いりのプランでした。

しかし、指示を受けて、分析すればするほど、筋の悪いビジネスであることが判明し、ことあるごとに、その旨を報告したのですが、どうしても聞き入れてもらえません。

「何としても、成功する方法を考えろ！」という大号令のもと、皆で知恵を絞って、失敗した場合の処理方法まで準備しながら、ことを慎重に進めていました。

進捗状況に関しても、社長自ら頻繁に確認してくるので、都度報告することになります。順調に進んでいると聞くたびに満足されていたので、その日の会議で起きたことは、「青天の霹靂《へきれき》」としか言いようがありません。

「今すぐにやめるんだ！　今やめたら損失はいくらになる？」

コストを管理する役員から「約△億円です」との報告を受けると、

「よし、分かった。すぐに費用処理しろ。この件は、本日をもって終了とする！」

この時は、「驚き」とか「残念無念」といった感情よりも、むしろ「ほっとした」のが正直な感想です。間違いなく「失敗する」と分かっていながら、無理やり進めていたプロジェクトですから、関係者も皆同じ気持ちでした。

後日、この会議に同席していた幹部のひとりと話した際に、

「何であんな形で、突然やめることにしたんでしょうか？」

と聞いてみました。すると、その幹部は言いました。

「きっと、ギリギリのところで気づいたんだよ、失敗するってな。でも、自ら言い出したことが間違っていたなんて言えないだろ。だからああなったんだよ」

「なるほど、そういうことか」

オーナー社長としての立場と、本人の性格を考えると、自然にすっと入ってきたので、妙にすっきりした気分になったのを覚えています。と同時に、「朝令暮改」という概念を通り越して、「朝礼朝改」の域であると確信しました。

なお、この経験は、後に外資系企業で仕事をすることになった時、大いに役立つことになります。

相性の悪い人は回避せよ

さて、ここまでは相性の良し悪しにかかわらず、組織の中で生き延びるための、いろいろなことを述べてみましたが、これからは、相性が悪い人とどのように付き合えばいいのか、について見てみたいと思います。

一般論ではありますが、「相性が悪い人とは、できれば関わりたくない」というのは、誰もが抱く、率直な気持ちです。それは、偽らざる心情かと思います。社外の人であれば、無理に会う必要はないでしょう。

同じ会社でも、働く職場が違えば、仕事で一緒になることは少ないかもしれません。しかし、状況によっては、直接関わらざるを得なくなります。その場合は、避けて通れないので、何らかの方法で乗り切る必要に迫られます。

先日、所用で役所に行った時です。例によって、番号札を引いて、順番を待っていました。間もなく、番号が呼ばれて席に着くと、目の前に現れた担当者の第一印象が良くありません。どう考えても、合いそうにないのです。

でも、「担当者を変えてくれ」とは言えませんので、しかたなく要件を伝えました。すると、案の定、話がまったくかみ合いません。とにかく、説明が要領を得ないのです。何度か繰り返して質問してみるのですが、こちらが知りたいことに関しては、明確な回答が返ってきません。

「知りたいのは、こういうことだというのが分からないのか！」次第にイライラが募ってきて、爆発一歩手前の状態になりました。

以前なら、不満をそのままぶつけていたのかもしれません。でも、相性が良くないと感じている、しかも、窓口の担当者にあれこれ言ってもらちが明かないのは明白です。

そこで、一旦間を置くために、目を軽く閉じて深呼吸をひとつ、次に、口から出そうになった怒りの言葉を、「ゴックン」と飲み込みました。すると不思議、それまでの不平不満が消えると同時に、角度を変えた質問内容が浮かんだのです。

そこで、改めて質問をしてみると、今度は、すぐに知りたい答えが返ってきたではありませんか。それまで、何もなかったかのごとく、「普通」に返ってきたので、正直驚きました。

担当者は、相手の真意を察して、応用を利《き》かせることが苦手だったのかもしれません。あるいは、質問に対して、必要以上の説明をしない方針だったのかもしれません。ひょっとすると、相性が良くないと感じて、深入りしてこなかったのかもしれません。

一応、当初の目的を果たすことができたので、素直にお礼を言って、席を立ちました。大人気ない対応をすることなく、こちらが機転を利かすことで、その場をしのぐことができたようです。

この話には、後日談があります。しばらく経ってからですが、担当者から得た回答の中に、決定的な間違いのあることが判明しました。相性の成せる業なのか、それとも単に人為的なミスなのか、私には判断がつきかねます。

頻繁に顔を合わせる人でなければ、「その場限りの対処」もある程度は可能ですが、「相性が悪い人には近づかない」が、鉄則であることに間違いはないでしょう。

待てば海路の人事あり

相性の悪い上司と共に仕事をするほど、組織人としてつらいことはありません。来る日も来る日も、それこそ朝から晩まで、時には、到底承服しかねる内容の業務を、的外れと感じる指示を仰ぎながら、黙々とこなさなければならないのです。どう考えても、理屈抜きに「きつい」ことです。

でも、部下は上司を選ぶことができません。まして、人事権を有する上司であれば、部下をいかようにでも評価することができます。「給料下がってもいいから、違う部署に変えてくれ！」と、内心、悲鳴を上げたことのある方も、いるのではないかと思います。

このような状況に陥ってしまった場合、部下としてできることはあるのでしょうか。もしあるのであれば、何をすれば良いのでしょうか。

実に月並みですが、まずは、「人事異動を待つ」ことです。上司、もしくは自分が、他部門に異動するまでじっと待つわけですから、極めて消極的な考え方でもあります。「いつまで待つの？」「そんなこと言ったって、いつになるか分かりやしない……」「もう限界なんです！」当然、そんな声も聞こえてきます。

しかし、部下の立場で、すぐに効果の出せる特効薬は見当たらず、即実現は簡単なことではありません。仮にあったとしても、実は「劇薬」だったりするわけで、重い「副作用」も伴いますから、「処方箋」を熟読してから使用したほうが良いでしょう（そんな処方箋があればですが）。

過去に、転勤先の上司とまったく合わず、半年足らずで、更に上の責任者に直訴したことがあります。責任者は、少し驚いたようでしたが（当時、そんなことを言い出す「わがまま？」な社員はあまりいなかったようです）、希望通りに部署異動が実現しました。

その瞬間は、「めでたし、めでたし！」です。何といっても、生き地獄のような環境（あくまでも当時の感想です）から脱出できたのですから。とは言うものの、結構生意気なことも主張していましたし、もっと時間をかけて対応したほうがいいこともありました。まだまだ未熟だったと言えば、それまでかもしれません。

しかし、当時の私に冷静に対処する余裕はなく、心機一転、「新しい上司のもとで頑張ろう」と意気込んでいました。

ところが、です。しばらくすると、「あいつは自分の都合が悪くなると平気で上に言いつける、危ないやつだ」的なレッテルを貼られてしまいます。気づくと、新しい部署でも、気まずい雰囲気の中で、仕事をすることになっていました。

一度使った飛び道具は、同じところでは二度と使えません。後はただ、「機が熟すのを待つ」だけです。「無言の威圧感」を肌に感じながらの日々でしたが、他になす術《すべ》もなく、しばしの我慢を決め込みました。

業務内容も、こう言っては失礼になりますが、雑用に近い仕事ばかりがあてがわれて

（雑用も大切な仕事なのですが）、やる気は落ちていく一方です。「このままずっと、ここにいると決まったわけでもないし、そのうちに、また転機が訪れるはずだ」――落ち込む自分に、そう言い聞かせる毎日でした。

すると、間もなく人事異動があり、幸運にも他部門へ移ることが決まったのです。ひょっとすると、責任者の意向で、追い出されたのかもしれません。とにもかくにも、ホッとしたひと時ではありました。

後日談ですが、当時、相性の悪かった上司たちは皆、数年以内に社内異動で、その部署からいなくなりました。新たに昇格した責任者は、比較的相性の良い方でしたので、異動せず残ったとしても、「結果オーライ」だったということになります。

会社が組織で構成されている以上、人事異動は必ずあります。ただ、それがいつあるかは誰にも分かりません。その時を待つしかありません。しかし、「場替え」は間違いなくあります。自分が先か、相性の悪い上司が先か、だけの問題です。

組織で仕事をする上で、「人事異動を待つ」という考え方は、そういう意味では、理にかなっているとも言えます。

言われたことだけをやる！

かなり前になりますが、著名な精神科医の話を聞く機会があり、テーマが会社組織の実情に及んだ時です。

「会社で働いている限り、部下は、上司から言われたことだけをすればいいんです。それ以上のことをする必要はありません。指示された仕事が終わったら、後は上司に預けてしまえばいいのです。その結果どうなろうが、部下には関係ありません。責任はすべて上司にあるわけですから」

この話は、当時の私にとって衝撃的な内容でした。おそらく、日本で働く多くの会社員がそうであったように、「仕事は自分の納得がいくまで、とことん突き詰めないといけない」という信念で、日々の業務に取り組んでいたからです。

「部下は、上司から言われたことだけをすればいいんです」というくだりは、その後もしばらくの間、頭から離れません。加えて、それまで仕事に対して抱いていた観念が、「単なる思い込みに過ぎない」ということに気づきます。

社員ひとりでできることなど、たかが知れています。個人レベルの仕事の結果いかんで、会社がひっくり返るような事態にはなりません。

上司は往々にして、「この仕事には、社運がかかっている。失敗は決して許されない！」などと発破をかけますが、大号令の裏には、「失敗でもすると、自分の出世に影響してしまう……」といった自己防衛的な心理が、無意識のうちに働いているものです。

仮に、社運がかかっているとしたら、責任は、もっと上の地位にいる「偉いさん」にあるはずです。従って、部下は、いつもと変わらず整々粛々と、指示された業務に取り組めばいいのです。

仕事が終わった後は、上司にぶん投げて「業務終了」です。

「もっといいプランがあったら上に提案して、会社や部門の業績に貢献したいんです」という、前向きな社員もいるかと思います。

とても大切な姿勢だと思います。その気持ちがあると、個人としてのスキルアップにつながりますし、キャリアの構築にも大いにプラスになります。

しかし、ひとつだけ注意しなければならないことがあります。それは、「自分のアイデアを提案する時は、相性の良い上司に対してのみ行う」ことです。

相性の良い上司であれば、その話を前向きに聞いてくれるかもしれません。また、積極的な姿勢も評価してもらえるでしょう。場合によっては、アイデアを採用してくれるかもしれません。

ところが、もし提案した上司が相性の悪い上司だったら、どうなるでしょう。「生意気なやつだ。気の利いたアピールをして、目立とうとしたつもりかもしれないが、その手には乗らないぞ」などと思われて、かえって心証を悪くしてしまいます。

どんなに素晴らしい提案であったとしても、手柄を部下に持っていかれるのはしゃくです。当然、却下されておしまいでしょう。

いや、それで終わればまだいいほうです。ずる賢い上司であれば、そのプランをちゃっかり借用して、自分の成果としてしまうかもしれません。その場合、部下は利用されただけでなく、大した評価もされず、「泣き寝入り」することになります。

このケースは、どのように対処したらいいのでしょうか。間違いないのは、「相性の悪い上司には、余計な提案はしない」ことです。その上で、自分なりのプランは別途きちっと練っておき、チャンスが訪れるまで、胸の内にそっととしまっておくのです。

自らアイデアを考えて企画するという行為は、決して無駄にはならないので、是非実行するべきです。実務を通して検証してみるのも悪くないでしょう。更に良いプランが浮かんでくるかもしれません。

自分のアイデアを積極的に提案するのは、相性の良い上司に変わった時です。「それでは時すでに遅し、となってしまうのでは？」と危惧する方もいるかもしれませんが、大丈夫です。仮にアイデアがそのタイミングで実行されても、成功する保証はどこにもありません。下手をすると、責任の一端を担わされることにもなりかねません。

状況は、刻々と変化します。独自のプランを基本として持ってさえいれば、応用したアイデアが活用できる場面は、その後いくらでも訪れます。それくらいの「気持ちの余裕」と、「したたかさ」があってもいいのかもしれません。

相性の良い上司であれば、むしろ、提案を望んでいる場合もあるでしょう。上司が直接言葉にしなくても、相性の良い部下に対して、期待していることでもあります。また、その期待は先に述べた「上司から言われたことだけ」の中に含まれる、と解釈することもできます。従って、相性の良い上司に巡り合えた時が、「チャンス」となるのです。

上司をほめ殺す

相性の悪い上司に対して、最も効果のある対策は、上司を「ほめる」ことです。「ほめるといっても、どこをほめていいのか」「そんなことといっても、ほめるところなどありゃしない」といった声も聞こえてきますね。それもそのはず。相性が悪いのですから、本当にそう思うのでしょう。

でも、ほめられて悪い気になる人は、まずいません。

スタンフォード大学のビジネススクールで教鞭をとる、組織行動学専門のジェフリー・フェファー教授も、ベストセラー著書である『「権力」を握る人の法則』の中で、次のように述べています。

「自分の仕事ぶりについて考える時、ぜひとも確認すべき点が一つある。それは、自分の行動や発言、そして仕事の成果は、上司をいい気分にさせているか、ということだ。いい気分というのは、あなたに満足するという意味ではなく、上司自身が自分に満足しているか、という意味である。あなたがいまの地位を確保し、さらに上へ行く確実な方法は、端的に言って上司をご機嫌にしておくことなのだから」（『「権力」を握る人の法則』ジェフ

リー・フェファー著、村井章子訳、日経ビジネス人文庫、51頁）

同書は続きます。

「上司を気分よくさせる最善の方法は、何と言っても誉めることである。このことは調査によっても裏付けられており、誉め言葉は影響力を手にする効果的な方法だとされている。誉められて悪い気のする人はいないし、誉めてくれた相手に好意を抱くのも自然な感情である。そして好かれれば、あなたはそれなりの影響力を持てるようになる」（前掲書、53頁）

いかがでしょうか。「相性がいい、悪い」に関係なく、上司を「ほめる」ことは、良い結果に結びつくわけですから、相性の悪い上司に対しても、「効果的」で、「手っ取り早い」手法であると言えます。

ここでのポイントは、「相性自体を改善させるまでには至らずとも、上司を気分良くさせることは可能である」ということでしょうか。とはいえ、人をほめることは、実際にやろうとすると、なかなか難しいことでもあります。

身近な人に対してでさえ簡単ではないのに、まして、相性の悪い上司を「ほめる」など、離れ業です。そもそも、ほめるところがないのですから、とてつもなく厄介なことであると言えます。

では、ほめるところが見当たらない上司に対して、実際にほめることはできるのでしょうか。もしできるとしたら、どのような方法があるのでしょうか。

相性の悪い上司には「陰ぼめ」と「曖昧ぼめ」を

以前、職場で経験したことです。社内にどうしても相性の悪い同僚がいました。私が直感的にそう感じたのですから、当然相手もそう感じ取っているはずです。会議の席でも、意見が対立すると、こちらが譲歩しても（したつもりです）相手が一歩も譲らないため、しばし、険悪な雰囲気に包まれることもありました。

でも、この同僚とうまくやらないと進まない仕事もあり、何か良い方法はないかと考えていました。そこで思いついたのが、「ほめてみる」ことです。しかし、どのタイミングでほめるべきなのか、測りかねていました。どうも、直接ほめるのは厳しいようです。

そこで、「上司経由で伝わるようにしてみたらどうだろう」と考えてみました。「それなら気まずさも感じないし、ひょっとするとできるかも」――ということで、上司と話をする際にさりげなく、同僚のことをほめてみたのです。

「あの同僚、ああ見えて、例の件に関しては、結構しっかりとやっていますね」

「へえ、そう思う?」

「そうですね、最近気がついたんですが、本当にそう思いますよ」

「本人が聞いたら、きっと喜ぶと思うよ。人知れず、コツコツとやっているからね」

「そうだといいですね」

そんな会話を上司としてから間もなくです。その同僚と社内ですれ違った際に、本人が見せたあの満面の笑みを、私は今でも忘れることができません。それまで見たこともなかったので、本当にびっくりしました。おそらく、「ほめ言葉」が上司経由で本人に伝わったのでしょう。

その後は、実に穏やかな関係へと変化したのですから、効果てきめんでした。本質的には相容《あいい》れないので、相性が良くなることは決してありませんでした。しかし、日々の仕事をする上では大きな前進です。

とにかく、毎日顔を合わせて、時には差しでやりとりしなければならないので、表向きとはいえ、「和やかな人間関係」が構築できたのは、精神的にもとても「プラス」に作用しました。

この実例が成功した大きな要因は、「直接」ほめるのではなく、上司経由で「間接的」にほめたことにあります。「人伝いで届くほめ言葉」は、直接ほめるよりはるかに大きなインパクトをもって伝わります。

心理学者である渋谷昌三氏の著書が、その効果を裏づけてくれます。

「心理学には、直接ほめられるよりも、第三者を通してほめられるほうが『真実味』を感じ、その人にとってはより嬉しく感じられる――とする報告もあります。

これは会社でも使えます。

当人のいないところでほめる――なにかバカらしい感じがするかもしれませんが、ぜひ実践してみてください。当人の耳に届くまで少々時間がかかりますが、高い効果を見込めます。

どんな人間関係でも活用できるのが、この『陰ぼめ』です。大いに活用してもらいたいものです」（『人の2倍ほめる本』渋谷昌三著、新講社ワイド新書、37～38頁）

渋谷氏は、第三者を通じてほめることを、「陰ぼめ」と呼んでいます。実際に期待通りの効果を体感すると、「これは使える」と確信するに至ります。

今回の事例で、あえてもうひとつ付け加えるとしたら、「周囲があまり気づいていないところに焦点を当てた」ことかもしれません。本当は、皆から認めてほしいと願っている、そこにピンポイントで刺さったのが、効果をより一層強める結果となったようです。

では、相性の悪い上司に対してはどうでしょう。実は、上司に関しては、意図的に試すことができませんでした。これはやはり、簡単ではありません。どこが難しいかというと、課題はふたつあります。

ひとつ目は、「どこをほめるべきか」です。先ほどの実例のような「ピンポイント」が見つかれば、苦労はしません。強引に見つけたとしても、相性が悪いのですから、どこか取ってつけたようで、見え見えとなってしまいます。

そこで参考になるのが、前述した渋谷氏がもうひとつ提案する、「曖昧ぼめ」です。

「『人間は完結してしまった効果よりは、未完了、未解決のことのほうに強く心を惹《ひ》かれる』――これは、《ゼイガルニク効果》という人間心理の特徴です。

わかりやすくいえば、『必ずしも結論を説明しなくてもいい』ということです。『結論はいわずに、もっと曖昧な表現のほうが、相手の心を惹きつける』のです。つまり、『思わせぶり』のままで十分、というわけです。〈中略〉

『具体的に何か指摘してほめなければならない』という考えを捨て、もっと曖昧な表現でほめる方法をおすすめします。

たとえば、『あなたっていいなあ』といったほめ方です。

相手が『私のどんなとこがいいの』と聞いてきたら、

『いや、なんとなく。あなたと一緒にいると、なんとなくいいなあ』

と。そのほうが相手の心を引き寄せます。〈中略〉ほめ方のひとつのテクニックとして、この『曖昧ぼめ』という話し方は覚えておいてください。使い勝手のいい方法です」（前掲書、26頁、28頁）

この方法でしたら、何となくできそうですね。上司のタイプを見極めて、そのタイプが「どことなくいい」とか「何となくいい」という観点から、ほめ言葉を考えてみる価値はあるのではないでしょうか。

ふたつ目は、「誰経由でほめるか」ということです。第三者探しは、もっと大変な作業かもしれません。「上司の上司」や「上司の同僚」と、ざっくばらんに話のできる人脈があれば、選択肢のひとつになるでしょう。しかし、実行するには、少しハードルが高いかもしれません。

そこで、最も可能性のあるのが、身近にいる「気心知れた同僚」です。社内の人間であれば、同じ部署でなくても問題はありません。大切なのは、本音で「曖昧に」ほめ伝えることができる相手だということです。

一緒に食事でもした時に、さりげなく「陰」で「曖昧ぼめ」をしてみてはいかがでしょう。その際に肝心なのは、自分自身が本当にそう感じていないと、相手の腹に落ちないということです。

口からでまかせや思いつきは、やはり相手に見透かされてしまいます。とにかく、何でもいいから、上司に関して「心底、いいと思える」部分にスポットライトを当てる必要があります。

同僚経由ということで、本当に効果が表れるかは未知数です。また、仮に効果が出るとしても、時間がかなりかかることは、容易に想像できます。従って、過度な期待はできません。それでも、何もせずに日々悶々と過ごすよりは、はるかにましでしょう。

一般論ではありますが、実に多くの会社員が、この「反対」をやっています。自分もそうでしたが、仲のいい同僚と飲みに行った時などは、気に食わない上司の悪口ばかりを言っていた記憶があります。

これでは、意味がありませんね。完全なる逆効果です。場合によっては、ストレス発散にもなるので、一概に否定はできませんが、たまには戦略的な「ほめ対策」を講じてみても良いのではないかと思います（自らの反省も込めて）。

白黒つける必要なし

相手が敵か味方かを見分ける本能が、「相性の良し悪し」「気が合う合わない」「好き嫌い」といった感情をもたらすことは、すでに述べてきました。この感情は、人間が動物として生きていく上で、欠かせない能力でもあります。その中で、生き延びるための術を見出していかなくてはなりません。

ところで、「相性の良し悪し」「気が合う合わない」「好き嫌い」は、よく見るとどれも「二者択一の構造」となっていることに気づきます。動物の世界であれば、仕方がないのかもしれませんが、人間が営む環境は、それほど単純ではありません。何か、効果的な対処方法はないのでしょうか？

人間は、自分の感情をコントロールすることができます。感情をコントロールしながら、進化を遂げてきたといっても過言ではありません。せっかくですから、私たちも自分の中に備わっている、「人間ならではの能力」を使わない手はないでしょう。

以下は、精神科医である、和田秀樹氏の著書からの抜粋です。

「つまり人間というのは、未成熟なあいだは白か黒かをはっきりさせたほうが便利なのです。楽だとか、生きやすいといってもいいでしょう。

けれどもだんだん成長して認知的にも成熟してくると、白か黒かだけでなく、その中間もあるのだとわかってきます。毒だって少量なら薬になるとわかれば、白か黒かという区分は極端すぎるということもわかるのです。

これは『グレーゾーンを認める』ということです」（『感情的にならない本』和田秀樹著、新講社ワイド新書、93頁）

話は続きます。

「たとえばある植物を見て、『これは毒にもなるし薬にもなる』と理解することです。人間に対しても同じで、『敵か味方か』という区分ではなく、『敵でも味方でもない』と受け止めることです。『どっちとは断言できない』とわかってくるのです」（前掲書、94頁）

世の中には、いろいろな考え方や、性格の人がいます。会社の中も同じです。「すべてにおいて同じ意見」という社員は、おそらくいないのではないでしょうか（それが個性といってしまえば、それまでですが）。

しかし、方針がバラバラでは企業は成り立ちません。会社は、目的を果たすために、様々な組織をつくります。そのうえで、組織がうまく回るよう、指揮命令系統が整備されます。少し大げさに聞こえますが、役職や階層があるのはそのためです。

この環境の中で、「たまたま出くわしたのが、相性の悪い上司（もしくは相性の良い上司）」と考えれば、今までと違う見方ができるかもしれません。

次に、肝に銘じておかなければならないのは、「ものごとに唯一絶対の正解はない」ということです。「これが最善の策である」「これ以外の方針はあり得ない」と思うのは、自分にとって「心地良く、受け入れやすいことだから」に他なりません。

しかし、上司の方針が異なれば、その方針に従うのが組織です。感情的になって、単純に反発してしまうのは、もったいないことでもあります。なぜなら、上司の方針でやったほうがうまく「コト」が運ぶ場合もあるからです。

以下は、過去に職場で経験したことです。ある部署で、業務の役割分担をすることになり、部署内で議論が行われていました。たまたまその場に居合わせたのですが、明らかに非合理的な分担になろうとしていたので、意見を言うべきかかなり迷いました。「それは違います。こうしたほうが、はるかにいい配分になるし、きっと成果も挙がるはずですよ」。自分としての「確固たる正論」があったので、思わず口をはさみたくなりました。でも、部門長がすぐに「それでいい」との判断を下したので、そのまま受け流すことにしたのです。

しばらくして、その部署を顧みる機会がありました。驚いたことに、非合理的と信じて疑わなかった業務配分がうまくいっているのです。よく見ると、役割分担が機能している背景には、担当者の適性や、担当者間の「微妙なバランス」が関係していることが分かりました。

常識的に見て、明らかに違うと思われることも、現場の諸事情や、論理では説明できない要素が加味されると、想定外の結果になることがあるのです。

以上の経験から、「唯一絶対」はないという現実を、改めて思い知ることになりました。今振り返ると、「確固たる正論」とやらは、「会社のため」というよりはむしろ、「自分の考えを正当化するため」にあったような気がします。

「ものごとに唯一絶対の正解はない」という考え方や見方は、上司との人間関係にも活用できます。特に、相性が悪い上司に対しては、ストレートに受け止めることを避け、曖昧な「グレーゾーン」を広くとって、ことに当たるほうが賢明とも言えます。そのほうが、精神衛生の面でも間違いなく、はるかに良いのではないかと思います。

自分は自分、人は人が基本

もうひとつ、組織の中で仕事をする上で、精神衛生的に「楽になる」ことについて考えてみることにしましょう。それは、同僚や他の社員と「比較しない」という、巷でよく聞くテーマでもあります。

自分を同僚や他の社員と比較する時、背後には往々にして昇進や昇給など、人事評価に関わる何かが関連しています。「何で、あいつが俺より早く出世するんだ?」「どうして、あいつの評価は高いのか?」「この俺を差し置いて、あいつが抜擢されるとは!」など、誰にでも思い当たる節は、あるのではないでしょうか。

納得できない人事異動を、目の当たりにしてしまうと、心穏やかというわけにはいかないのも人情です。

一旦、「比較すること」の罠にはまってしまうと、待っているのが、「嫉妬心」という底なし沼です。第1章でも述べた通り、「嫉妬心」に捕まると、精神的にとてもつらい状況に陥って、抜け出すのに苦労します。できれば、そうなる前に解決したいものです。何か妙案はないものでしょうか。

ありきたりですが、「思考を止める」という手段があります。同僚や仲間と比較しそうになったら、その瞬間に思考回路を遮断して、入ってきたばかりの不都合な情報を、「消去」してしまうのです。

これ、理屈上は簡単なのですが、実は、結構大変です。鉛筆で書いた文字であれば、消しゴムを使って消すことができます。パソコンにあるデータであれば、デリートキーを使って消去できます。しかし、実際に頭の中に入り込んだ情報を消すのは、たやすいことではありません。

何かできるとしたら、いかなる不本意な情報であろうと、一旦事実として受け止めて、「受容」してしまうことです。

とにかく、まずは受け入れてしまうのです。「とは言っても、受け入れるなんてことは、到底できません」。そうおっしゃる方もいると思います。ごもっともな意見です。すぐにはできないかもしれません。でも、「それが現実」と言い聞かせているうちに、少しずつではありますが、受容できるようになります。

よく思い返してみてください。人事の本質とは、「上に行けば行くほど、その上と合わない、つまりほとんど好き嫌い」です。仮に同僚が自分より早く昇格したり、抜擢されたりしたとしたら、たまたま「上司に恵まれた」だけ、もしくは「上司率いる職場環境に恵まれた」だけ、と捉えることもできます。

同僚と比較して、自分の評価が上がらないのは、単に、現在の上司との「相性が悪い」からだけなのかもしれません。所詮は上司との相性次第。そのように考えると、少しは受け入れやすくなるのではないでしょうか（他に何か原因があるとしたら、解決しなければならないのは言うまでもありません）。

自己啓発書はムダ

最近のことですが、本棚を整理していると、昔読みあさった数多くの、自己啓発に関する書物が出てきました。それは、リーダーシップものから成功にまつわるものまで、多岐にわたります。しかも、中を見ると、あちらこちらに赤線や、ラインマーカーのしるしが入っているではありませんか。

ところが、何でわざわざそこにしるしをつけたのか、今となっては、さっぱり覚えていないのです。おそらく、当時はマーキングした内容にいたく感銘し、わらにもすがる思いで、しるしをつけたのでしょう。切羽詰まった状況の中で、精神的にも追い詰められていたのかもしれません。

改めて目にしたリーダーシップ本や、自己啓発書の多くは、どちらかというと「理想論」が中心で、内容は、「きれいごと」ともとれるものが多いことに気づきました。もちろん、当時は「理想論」に救われたこともあるはずなので、一概に否定はできませんが、もう一度真剣に読もう、という気にはなれませんでした。

前述の『「権力」を握る人の法則』に、興味深い内容があるので紹介します。

「著名な経営者が書いた本やリーダーシップに関する講義や講演は、はっきり言って眉唾物であり、あなたの生き残りにとってむしろ危険な代物だ。自分のキャリアをお手本として売り込むリーダーたちの多くが、トップに上り詰めるまでに経てきた抗争や駆け引きに触れないか、きれいごとでごまかしている」

同書は続きます。

「またリーダーシップに関する授業や講演の多くは、良心に従え、誠実であれ、本音で話せ、控えめに謙虚にふるまえ、強引なやり口は慎め、汚い手は使うな、といった教えに終始しており、一言で言えば『世界はかくあるべし』『成功者はかくふるまうべし』といった願望に基づく処方箋となっている。この世にいるのが、謙虚で誠実で博愛精神に満ちた人間ばかりなら、たしかに世界はもっと美しく思いやりに満ちた場所になるだろう。だがそのような世界は存在しない」（前掲書、25~26頁）

「リーダーシップ」や、「自己啓発」に関する書物を読む際には、ぜひ参考にしてみてください。同時に、どうせ読むなら、もっと「幅広いテーマ」の本を読んでみることも、お勧めします。

少しでも興味のあるものであれば、何でもいいと思います。場合によっては、まったく違う観点から、ヒントを与えてくれる書物に巡り合うかもしれません。

自分評価で納得する

会社で仕事をしている限り、自分の評価に対して、関心のない者はいないのではないでしょうか。多くの社員は、おそらく、人事評価の結果が分かるたびに、一喜一憂しているのではないかと思います。

自分の評価が高いと、「いやー、この上司、なかなか分かっているじゃない。よし、もっとやってやろうか！」と喜び勇み、評価が予想よりも低いと、「なんだ、この上司、全然分かっていないよ。もうやってられるか！」と憤慨します。

それもそのはず、上司の評価ひとつで昇給や昇格が決まるのですから、当然と言わざるを得ません。

どんなにいい仕事ができたとしても、たとえ納得のいく成果が出せたとしても、自分に対する人事評価が予想を下回った時には、「何で？　ウソでしょ？　何かの間違い？」と、思わず結果を疑ってしまいます。

すでに述べてきましたが、人事権は直属の上司にあります。いかに素晴らしい評価制度が構築されていても、その制度を用いて行う評価には、上司の主観が、無意識のうちに、色濃く反映されることになります。

若いうちは、反省することも必要でしょう。指摘された課題を改善していくことで、更に成長することになります。しかし、ある程度の経験を積んだ「ベテラン」ともなれば、話はちょっと違ってきます。特に、成功体験があればあるほど、自分のやり方や考え方に自信を持ってしまうので、評価との間にギャップが生じやすくなります。

一般論ですが、この場合、自分の評価は「高め」になる半面、他人からの評価は、「低め」になる傾向があります。この現象は、私が組織の中で仕事をしている時に、何度も体験したことでもあります。

では、不本意な結果を、どう受け止めるべきでしょうか。

少なくとも、40歳を過ぎたら、他人の評価には惑わされないほうが賢明です。何といっても、「上に行けば行くほど、好き嫌い」です。評価者の上司次第で、どちらにでも転ぶのですから、真剣に考える価値がありません。

東京大学医学部附属病院で長年にわたり救急部・集中治療部部長を務めた矢作直樹氏が、著書の中で次のように述べています。

「誰かに褒《ほ》められたとか誰かに嫌われた、その結果、嬉しかったとか悲しかったという感情が出てきたなら、自分に対する『外部評価』を気にし過ぎているということになります。人の心はコロコロ変わります。それを忘れないでください」(『おかげさまで生きる』矢作直樹著、幻冬舎、85頁)

「世の中にあるすべての評価は、所詮《しょせん》、誰かの思い込みです。評価とはその程度の存在です。噂話《うわさばなし》やあることないことに振り回されることほど、バカらしいものはないのです」(前掲書、131頁)

会社から給料をもらっている以上、一定のレベルはクリアしていないといけませんので、その水準は超えているという前提で話をすると、少なくとも40歳を過ぎたら、自分の評価は自分でするべきでしょう。上司からの評価がどうであろうと、「自分自身の尺度」で、「自ら成果を判断」する必要があります。

尺度をどう設定するかは本人次第ですが、自分の身丈に合っていることが大切です。上司の評価に沿って、自分を変えていくのは、そう簡単にできることではありません。むしろ、ある程度の年齢に達したら、変えないほうがいいのではないかとさえ思います。

厳密にいうと、「今さら変えられない」といったほうが適切かもしれません。そのうえで、自分らしさを優先しながら、長所を生かしていくのです。

いかなる評価を受けようとも、「それはそれ」として割り切り、受け流すことができればしめたものです。良い時は浮かれることなく、悪い時は悲観せず、ありきたりであれば平然とやり過ごすのです。

その後は、きちっと「自己採点」して終了です。評価をすべて他人に依存して、「魂を売る」ことだけはしたくありません。

転職もやむなし

さて、ここまで「組織を生き抜く」ために何ができるのか、を見てきました。うまくことが運ぶ時もあれば、そうでない場合もあります。しかし、状況は刻々と変化します。常に同じ状態のまま、ということは決してありません。従って、とるべき選択肢も多岐にわたるということになります。

どうしようもないくらい相性の悪かった上司も、いずれ人事異動でいなくなります。状況によっては、自分が先に異動するかもしれません（将来、またご一緒することもありますが）。

どことなく距離のあった上司とも、「ちょっとしたほめ言葉で、状況が一変した」なんてことがあるかもしれません。不本意な評価が続いたとしても、少しだけ気持ちや、考え方を変えるだけで、落ち込まずに、仕事を続けることができるかもしれません。

しかし、あまりにも「理不尽」な評価や減給、降格などが続くと、強いストレスに見舞われます。個人差はあると思いますが、常識的に考えると、あまりいい精神状態ではいられなくなります。

昨今は、相性と関係するかどうかは別にして、パワハラやセクハラも顕在化するようになってきました。

脳神経外科医で日本大学総合科学研究科名誉教授の林成之氏が、著書の中で次のように述べています。

「自分を嫌っている上司のもとで働くことは、自分のためになりません。その上司を好きになれなかったことについて言い訳をするつもりはありませんが、どうしても関係の修復ができず、努力する余地が残されていなければ、居場所を変えることは選択肢の一つです」(『脳に悪い7つの習慣』林成之著、幻冬舎新書、44頁)

また、ドイツの社会学者Siegristらによって提唱された、「職業性ストレス」を評価する理論的モデルでは、努力に対して収入や評価などの「報酬」が少ないと感じた時、よりストレスが高まることを示唆しています。

その結果、心身にダメージを与えるリスクが増加することにもなります。直面する状況が「のっぴきならない」非常事態であれば、「転職」も選択肢として検討するに値します。実際に、日本における転職理由の多くは、本音を突き詰めていくと、「上司や職場における人間関係」にたどり着きます。今いる会社や組織で、最善を尽くした後に行う「転職」は、場を変える「究極の手段」になるとも言えます。

第4章　ライフキャリアプラン

未来を思い描け

あの日の夜、私はオフィス街の一角にあるビルの一室で、ソファに腰かけて、ある人物を待っていました。

「やあ、久しぶり！　いつ以来かな？」

部屋に入って来るなり、笑顔で迎えてくれたのは元同僚で、会社を辞めた後は、キャリアコンサルタントとして活躍していました。

「そうだね、数年ぶりになるかな」

しばらく会わないうちに、想像を超えてたくましくなっていたので、少しびっくりして尋ねました。

「それにしても、どうしてこの仕事に就いたんだい？」

「それがね、転職活動をしているうちに、こんな仕事もあるんだって知ってね。気がついたらこの仕事を始めていたんだ」

それからしばらくは、お互いの近況について話し合ったように記憶しています。場が和んだ後で、いよいよ本題に入ることにしました。

「実はね、僕もそろそろ転職しようと考えているんだ」

すると友人は、

「おまえは転職なんかしちゃだめだよ。そもそも、する理由がないじゃないか」

と、言います。彼は、私が30代も半ばを過ぎて、比較的順調な会社人生を歩んでいるのを知っていたので、強い口調で切り返してきました。

「でもね、その後いろんなことがあってね。もういいかなって思っているんだ」

「そうなんだ、いったい何があったんだい?」

それからどんな話をしたのかはよく覚えていないのですが、少なくとも、切羽詰まった状況にあることだけは理解してくれたようです。

「よし、分かった。それでは、君のライフキャリアプランを教えてくれ」

「何それ?」

「君の将来の姿だよ。5年後、10年後、20年後に何をしているのか、何をしていたいのかを教えてくれ」

「そんな先の事なんか、考えたこともないよ。それにご存じの通り、目の前の数字に追われていて、せいぜい1ヵ月、頑張っても半年、1年先かな」

「それじゃ、転職しないほうがいいよ。仮にしても、先が大変だと思うよ。とにかく、転職は自分のキャリアプランをしっかり作ってからだね」

会社に就職してからほぼ一貫して、売り上げや利益にまつわる数字に追われる日々でしたので、正直、それまで10年先、20年先といった長期スパンでの考えなどしたことはありませんでした。

そのまま会社にとどまるのであれば、きっと「社内でもっと上を目指して、将来は部長や役員を目標に！」なんて、ありきたりの答えをしていたのかもしれません。

でも、会社に見切りをつけて、転職を真剣に考え始めた自分にとって、10年先、20年先のイメージなど、まったくありませんでした。むしろ、古い体質の企業風土から「一刻も早く抜け出したい」という、ある種「逃避的な気分」に支配されていた、というほうが正しいかもしれません。

「そんな先のことをイメージしないといけないんだ」

「そのほうがいいと思うよ。それからでも、全然遅くないからね」

「分かった。今日はありがとう」

お礼を言ってから、久しぶりに一杯やったのはよく覚えています。

ひらめきの瞬間は必ずある

「10年後、20年後に何をしているのか、何をしていたいのか」という問いかけは、当時の私にとって実に刺激的でした。それからというもの、会社で仕事をしていても、時折「ライフキャリアプランとは？」が、頭をよぎることになります。

しかし、自分の未来のことなど何ひとつ浮かんできません。元同僚からもらった書類も、自宅の机の中にしまったままです。

「この用紙に沿って書いていくと、考えがまとまるかもしれないよ」

と、帰り際に手渡されたのですが、そもそも、休みの日に家で頭を使って書類に記入するなど、まったくやる気になりません。とはいえ、気になるのも事実です。「10年後、20年後」の文字が、頭に浮かんでは消える日が続きました。

そこで、今までやってきた仕事の中で「心底ときめいたこと」や「心地良かったこと」

「時が経つのを忘れて没頭できたこと」などを、頭の中で棚卸ししてみました。更に「将来、その経験を生かすとしたら、どんなことができるのだろう」という切り口で考えてみたのです。

その後は、とりとめのない「自問自答」が続きます。考え始めると、出口がまったく見えません。ほとんどエンドレスです。気づくと、いつの間にか時間切れとなります。そんな「禅問答」を繰り返していました。

それから半年ほどしてからだったと思います。休みの日に、自宅で何をするでもなくくつろいでいた時、突然あるイメージが脳裏をかすめたのです。

何と、自分の未来像に関するものでした。「そうだ、これでいこう！」まさに鳥肌の立つ瞬間でした。また、自分を将来へと導く、「ひらめきの瞬間」でもありました。

ひらめきの内容をまとめると、次の３つに集約できます。

・日本のグローバリゼーションに貢献する
・外資系企業のビジネス拡大に貢献する
・コンサルタントとして生涯現役を目指す

もともと海外志向だったのですが、当時の仕事の大半は、国内における営業やマーケティングに関するものでした。そこで、「国内での業務経験が、日本のグローバル化に生かせないか」という観点から出てきたのが、「日本のグローバリゼーションに貢献する」と「外資系企業のビジネス拡大に貢献する」でした。

また、私が経験した営業活動の多くは、単に商品を売り込むということだけではなく（もちろん、それもいやというほどやりましたが）、販売促進策を企画立案して、提案する活動も欠かせませんでした。提案活動が伴わないと、なかなか思うように商談が成立しません。

実は、この提案活動をしている時が、最も充実していたことに気づきました。当時よく言われた、「コンサルティング営業」とでも言いましょうか。ぼんやりとではありますが、「コンサルタント」を志向するようになったのは、そのような背景があったからと記憶しています。

更に、もし外資系で仕事をするようになったら、おそらく『定年という概念はないだろう』という判断から出てきたのが、「生涯現役」というキーワードです。

要約すると、「日系企業で得た経験を外資系で生かし、そのノウハウで日本のグローバル化に貢献しながら、定年なき人生を」とでもなるのでしょうか。

内容の是非は別として、とにもかくにも、ライフキャリアプランのコンセプトらしきものができあがったので、気持ちの上ではひとつ前進です。

すると不思議なことに、あたかもコンセプトができあがるのを待っていたかのように、転職先が決まりました。その後、私の会社人生はこの時にひらめいた「ライフキャリアプランのコンセプト」に沿った形で進むことになるのです。

ライフキャリアプランは、何も時系列的に細かく定めた、具体的な内容である必要はありません。アバウトな「イメージ」でいいのです。「いつまでに何をどのように。そのためには、これから何をこのように、しなければならない」などと細かい縛りを設けてしまうと、何かあった時に、修正が利かなくなってしまいます。

10年、20年のスパンで見ると、世の中もビジネスの環境も激変します。ハッキリ言って、予測不可能です。想定外の事態に遭遇した時にも、フレキシブルに対応しなければなりません。

その点を考慮すると、ライフキャリアプランを大雑把な「コンセプト」としてまとめておいたほうが、柔軟性に富んで応用しやすいのではないかと思います。

世の中には、キャリアを構築するための様々な「ハウツーもの」が、書籍やネットを通じて至るところに出回っています。

また、内容的にもいろいろな手法が紹介されています。どれを取り入れるかは、あくまでも個人的な選択の問題ですが、経験上、机に向かって細かく書き込んだり、まとめるといった「作業」は、特にしなくても問題ありません。

大切なのは、心の奥底に眠っている「叫び」のようなものを、うまく引き出せるかどうかです。結果として、首尾良く「心の叫び」を引き出せれば、わざわざ書き留めなくても、決して忘れることはありません。忘れてしまうようでしたら、それは本物の「叫び」とは言えないでしょう。

潜在能力を切り開け

以前、テレビで「直観力」をテーマにした番組がありました。脳科学の専門家である辻本悟史氏の手によって、一流棋士の脳がどのように働いているか、を調査する内容です。

手法としては、一流棋士がMRIの中に入って、「この場面だったら、どの一手が良いか」をすぐに推測します。

常識からすると、「論理的に考える脳が使われている」と考えられますが、実際に反応したのは「一所懸命に考える」ところではなく、むしろ対極の部位でした。具体的には「大脳基底核」で、特に「尾状核」と呼ばれるところが活性化していました。

しかもそこは、とかげや鳥などもヒトと共有する部位であり、必ずしも、人間特有に進化した部分ではなかったのです。

この実験により、一流棋士が次の最適な一手を打つ時は、理路整然と考えるのではなく、「第六感」や「直感」を働かせていることが明らかになります。

ちなみに、実践ではその現象を「浮かんでくる」と表現するとのことです。（「第六感は本当にあるのか？　科学で徹底分析」『ホンマでっか!?ＴＶ』、フジテレビ系列、２０１６年5月4日オンエア）

人には誰しも、重大なことを決めなければならない時があります。その時にも「直感力」や「第六感」が働いていると考えられますが、極めて「本能的」であるということでしょうか。

「最良の一手」が本能的に「浮かんでくる」のであれば、「ひらめき」も本能に依存しているのかもしれません。

脳科学者の茂木健一郎氏は「ひらめき」について、次のように解説しています。

「ひらめきとは、前頭葉の意欲と、側頭葉の経験のかけ算である。脳の前頭葉では、意欲や目標意識、やる気がつくられる。側頭葉には、さまざまな経験が記憶、集積されている。両者がうまく結びついた時に、創造性やひらめきが生まれるのだ。

創造性を高めたければ、意欲と経験を結ぶ回路がうまくつながるようにすればいい。脳の回路は、トレーニングで強化することができる。創造は、例外なく脳から生まれる。その回路は日々使えば使うほど太くなり、創造性は増強されていく。反対に、ごくたまにしか使わないと回路は細ってしまう。習慣化によって、だれもがひらめきの力を高めることができるのだ」（『ひらめきの導火線』茂木健一郎著、PHP新書、57頁）

悩むほど真剣に考えていると、突然良いアイデアが浮かんでくることがあります。おそらく、誰もが一度は経験しているのではないかと思います。どうも、私たち人間には、計り知れない「潜在能力」が備わっているようです。

せっかく素晴らしい能力を持ち合わせているのですから、キャリアについて考える時も、その能力を活用しない手はありません。

オフの状態のひらめきが輝く

会社を経営している知人から聞いた話です。あるアイデアに基づき、新しいビジネスモデルを作り上げたのですが、なかなかいいネーミングが思いつきません。世の中に情報発信するにあたり、理解しやすいブランド名はどうしても必要です。困り果てていたある日の朝、目が覚めると突然、「妙案」がひらめいたそうです。

思いついたブランド名は、事業のコンセプトに見事なまでに合致していました。公に発表する際のインパクトもあり、何と言っても、パッと見の分かりやすさが群を抜いていました。その事業計画は、後にブランド名及びそのロゴを含め、特許を取得することになります。

もうひとつ、今度は英文学者だった外山滋比古氏の著書からの引用です。

「ある数学者が、長い間、ひとつの問題にとり組んでいて、どうしてもうまい解決ができないでいた。あるとき、うとうとと居眠りした。そのあと、目をさますと、突然、謎が解けていたという。この場合も、意志の力が弱まったところで、はじめて、それまで別々になっていた考えが結合されて、発見となったのであろう。ものを考えるに当って、あまり、緊張しすぎてはまずい。何が何でもとあせるのも賢明ではない。むしろ、心をゆったり、自由にさせる。その方がおもしろい考えが生まれやすい」(『思考の整理学』外山滋比古著、ちくま文庫、57頁)

様々な事例を見るにつけ、どうも私たちが「ひらめき」を感じるのは、心が「オフ」状態にある時のようです。物事に没頭すると、「オン」の状態が続きます。何としても、答えを導き出さないといけない状況においては、ひたすら思考を集中し続けます。

しかし、どうしても行き詰まってしまったら、一旦そこから離れて、ひと息入れることも大切なのかもしれません。それくらいの「心の余裕」をもって、日々の仕事に取り組みたいものです。

好きなことをするのが仕事

キャリアを考えるにあたり、改めて「仕事」について考えてみたいと思います。すでに仕事という言葉を限りなく使ってきましたが、いったい仕事とは何なのでしょう。「仕事は、生活の糧としてのお金を稼ぐことだ」――誰もが最初に思いつく、一般的な回答かもしれません。

「仕事は、もっと奥の深いものだ。自分を高めると同時に、世の中のために貢献することである」なるほど。そういう見方もできますね。

「仕事」の定義を調べてみると、まずは「生計を立てるために従事する勤め」（出所：大辞林　第三版）とあります。こちらは、あえて説明するまでもありません。まさに読んで字のごとくです。

もうひとつ、「するべきこと。しなければならないこと」（出所：大辞林　第三版）という意味があります。この内容からすると、必ずしもお金を稼ぐことだけではない、と解釈することもできます。

自分のスキルを上げたり、世の中に貢献することが「しなければならないこと」であるとしたら、確かに尊重すべき崇高なことかもしれません。しかし、もう少しやさしいというか、幅を持たせた見方をするならば、「生きるために必要なあらゆる行動」という解釈もできます。

例えば、「朝起きて歯を磨き、顔を洗い、朝食を食べる」のも「広義の仕事」と捉えることができます。ただ、お金が入ってこないだけです。でも、毎朝のルーティーンを忘れて体調を損ねると、会社の業務に支障をきたし、結果的に収入が減る場合もあります。ものは考えようです。仕事の範囲をもっと広く「健康で楽しく、はつらつと生活するために必要な、あらゆる事柄」と定義すると、実に多くのことが頭に浮かぶのではないでしょうか。

収入を得る仕事も、その一部にしか過ぎません。趣味が欠かせないのであれば、もちろん「仕事の内」となります（趣味を仕事と表現してしまうのは、個人的には好きではありませんが）。

時に、趣味が収入に結びつくようになると、完全に「プロフェッショナル」の領域です。プロの世界で活躍するスポーツ選手やミュージシャン、画家や写真家などは、その典型かもしれません。

逆に、意に沿わない仕事を宿命づけられている場合もあるでしょう。好きではない家業を継がなければならないとか、家計を助けるために、不本意ながら、目の前の仕事をせざるを得ない、などです。

親が医者で、病院を経営しているので、「何が何でも医者にならないといけない」ケースは大変です。そのためには、まず大学の医学部に入学しなければなりません。しかも、後に医師免許を取得する必要があります。人にもよるでしょうが、かなりのプレッシャーです。

しかし、基本は何をしても自由です。既定路線などという概念は、本当はありません。もしあるとしたら、それは周囲の人によって植えつけられた固定概念に過ぎません。

何よりも大切にしたいのは、「するべきこと」だけでなく「やりたいこと」を見つけて、「究極の仕事」にするという発想です。

多くの人にとって、最初の職業は「何となく会社に入った」とか、「やってみたら、必ずしもやりたいことではなかった」場合もあったのではないでしょうか。でも、それは仕方のないことでもあります。未経験であればあるほど、実際にやってみないと、どんな仕事なのか分からないからです。

業務の本質的なところは、往々にして想像していたことと違っていたり、果てしなく奥が深かったりします。仕事が自分に適しているかどうかは、自ら体験しないと判断のしようがありません。

自身のライフキャリアプランを構築するにあたり、大事なのは、一旦「固定概念」を外すということです。「～ねばならない」という発想を、一旦取り消します。そのうえで、身に着けた技術やスキルと経験をもとに、長期のスパンで「心底ときめいて、没頭できること」は何か、を問い詰めてみることです。

また、イメージできたプランは、何も今すぐに実現しなければならないものではありません。むしろ、段階を経て、少しずつ近づくほうが無難かもしれません。

すでに述べた通り、内容はあまり具体的過ぎず、フレキシブルなコンセプトにしておくことが望まれます。そのほうが変化に対応しやすく、軌道修正もできるからです。

「当面は収入に結びつくことでないと、生活に支障をきたす」のであれば、収入を念頭にイメージするのは当然です。現役の会社員であれば、大半がそのような立場にあると思います。

プランは、あくまでもステップ・バイ・ステップです。でも究極として、収入とは無関係に、一生かけて「やってみたいこと」が待っているかもしれません。

自分にとって、最良のプランが何なのか、ひらめいたらしめたものです。「ひらめいたイメージ」が、「ライフワーク」となるはずです。

社外人脈は絶大だ

同じ会社に長年いると、日頃付き合う相手は、必然的に社内の人間に限定されてしまいます。「運命共同体」の一員として、朝から晩まで、共通の目標に向かって仕事をしているわけですから、当然と言えば当然です。

入社して間もなくは、まだ学生時代の仲間や旧友との交流も残りますが、結婚して子供ができる頃には、すっかりご無沙汰してしまいます。ご無沙汰までならないとしても、会う機会は激減するようになります。

以前、仕事で50代半ばの会社員と話した時のことです。

「会社の同僚以外で、食事に行ったり、飲みに行ったりする人はいますか？」

「うーん、そういえばいないですね」

「そうですか、それでは、社内には何人くらいいますか？」

しばらく考えてから、

「社内ねえ、そういえば最近は社内にもいないかな」とのこと。

この方は日系大手企業に勤める元幹部で、現在は閑職に追いやられて、どうも早期退職を迫られているようです（昨今はよくある話ですが）。

「そうですか、それでは過去の知り合いで、また会ってみたい人はいますか？」

しばしの沈黙を経て出てきた言葉は、

「また会ってみたい人？　そんな奴はいないいね」

少し極端な事例ですが、このケースは会社のために（と自分に言い聞かせて）仕事一筋で邁進《まいしん》してきた、エリートビジネス戦士がよく陥るトラップでもあります。

内容を分析すると、いくつかの課題が浮かんできます。

まずは、「自分に対する過信」です。50歳手前までは、おおむね順調に昇格してきたので（多少のすったもんだはあったようですが、そんなことは誰にでもあります）、「俺は間違いなく仕事ができる。だからもっと上に行くはずだ」という過信です。

すでに述べてきた通り、会社の中で行われる仕事は、ある程度のレベルにまで達すると、能力に大した差はなくなります。しかし、その現実は、「上に行けば行くほど」受け入れ難くなります。「俺は偉くなったはずだ。どうも納得がいかない……」。うめき声が聞こえます。

次は、「会社は見捨てない」という思い込みです。人事の本質は、所詮は「上に行くほど好き嫌い」です。幹部級のポストを歴任したほどの人物が、その上と合わなければ、遠ざけられて、最悪の場合、見捨てられます。「今日に至るまで、会社の業績に多大なる貢献をしてきた」と、どんなに自負していても、です。

結果として、「上」に行ってしまってから見切りをつけられると、今度はもう社内に「行き場」がなくなります。「この俺に、やるべき仕事がなくなるとは。まったく理解できない……」。恨み節が聞こえます。

もうひとつは、その帰結でもありますが、「自ら心を閉ざしてしまっている」ということです。出世街道から外れただけでなく、人生を預けた（はずの）組織からも、リストラさせられているわけです。悔しさが込み上げてこないわけはありません。プライドも、ズタズタに傷つくことになります。

この心境が邪魔をして、自分の中に存在する「可能性の芽」を、自らの手で摘み取ってしまっているのです。「俺はまだまだやれる。何でもやれる。やれるはずだ……」。遠吠えが聞こえます。

キャリアプランを考える上で、知識や経験はもちろんのこと、多種多様な発想ができるに越したことはありません。しかし、長年同じ会社にいると、付き合いの範囲はとてつもなく狭くなってしまいます。しかも、知らず知らずのうちに、です。

その弊害を克服する最も簡単な方法は、社外に自分ならではの人脈を持つことにあります。「人脈」というと、大げさに聞こえるかもしれませんが、別に、著名人と交流しろと言っているわけではありません。

誰でもいいのです。過去に出会った人物で、友人や昔の仲間含め、また会ってみたいと感じた人と「会って話をする」だけでいいのです。

学生時代の友人や知人の中には、数十年の歳月を経て、「異次元空間」を生き抜いている人物がいます。

そのような仲間と久しぶりに話をすると、自分の常識（会社の常識とも言えますが）をはるかに超えて、想像すら及ばない「考え方」や、「生き方」を目の当たりにします。更に、「異次元」を知ることで、強烈な刺激を受けることになります。

異次元の刺激が、自分の中に眠る「潜在能力」を目覚めさせてくれます。会う人が全員そうとは限りませんが、多くの人に会っていると、必ず刺激を受ける「モノの見方」や、「人生に対する考え方」に触れることになります（経験上は間違いありません）。

貴重な気づきを与えてくれる人たちとは、是非その後も、継続的に会う機会を設けることをお勧めします。会うたびに、何かヒントのようなものが得られるかもしれません。継続して会うメンバーが、自分にとって「オリジナルな人脈」となるわけです。

仮に再会してみて「どうも会話が弾まない」と思ったら、その後は、特に積極的に会う必要はありません。「一度再会したら、また会わないといけなくなるのでは」と危惧する人もいますが、心配ご無用です。その場合は、おそらく相手もそう感じているので、何も問題ありません。また会いたくなったら、改めて会えばいいだけのことです。

社外に「自分だけの人脈」を構築しておくと、ライフキャリアプランが「ひらめく」きっかけになります。また、自分だけの人脈は「かけがえのない存在」となります。と同時に、「生涯の友」として、互いに支え合う関係に発展していきます。

すべては、「会いたい人と会う」から始まるということを、肝に銘じておかなければなりません。

会話が創造性を高める

何か問題が起きて、誰かに状況を説明している時、突然、「解決策が浮かんできた」のような経験はあるでしょうか。

過去に、職場でトラブルに見舞われた時のことです。良い対策が見つからず、報告がてら上司に相談しました。トラブルに至るまでのいきさつを、時系列的に説明するのですが、合間、合間に、上司から角度を変えた質問が飛んできます。その質問に答えながら、更に説明を続けます。

すると突然、「あ、そうだ。いい手があるぞ！」、妙案がひらめきました。同時に、「何でこんな簡単なことに気づかなかったんだろう」と、驚かずにはいられませんでした。解決案を上司に話すと、「それでいいんじゃない？」で、一件落着です。

推測するに、トラブルに見舞われた張本人の頭の中は、しばしパニック状態になります。パニック状態で、あれこれ考えてみても、良いアイデアが浮かぶはずはありません。しかし、誰かに説明すると、頭の中が無意識のうちに「整理」されて、いつの間にか、対応策ができあがってしまうようです。

医学博士の梶本修身氏は著書の中で、「疲労回復や疲労予防とともに、より充実した創造的な日々を送るため」に、次のことを提案しています。

1. ものごとを多面的に見る習慣をつけること
2. 多くの人と会話をしてコミュニケーションを交わすこと
3. 世の中のいろいろな事象に興味を持ち、多趣味になること

2番目の「多くの人と会話をしてコミュニケーションを交わすこと」に関しては、以下のように説明しています。

「人と会ってコミュニケーションをとる際には、相手の話を聞いて理解しつつ、記憶と経験を瞬時に検索して引き出し、自分の意見として相手に伝えます。それに対して相手からは想定外の返事がくる場合もあるでしょう。そうした状況に臨機応変に対応し、会話のキャッチボールが楽しめるということは、ワーキングメモリを活用しているからにほかなりません」(『すべての疲労は脳が原因』梶本修身著、集英社新書、187頁)

「ワーキングメモリ」に関しては、次のように述べています。

「人は何かの作業をするときに、過去に経験した記憶を参考にしながら複数のことを同時に行っています。〈中略〉

ワーキングメモリとは、このようにリアルタイムでインプットされる情報(短期記憶)

を受けいれながら、過去の記憶、学習、理解など（長期記憶）と結びつけて複数のことを同時に考える、また行うことを可能にする脳の力、一連の動きを言います」（前掲書、171〜173頁）

更に、「ワーキングメモリが優れているということはつまり、脳全体をうまく活用し、複雑な作業を省力化して効率よく行う能力が高いことを意味しています」とあります。

私たちは、普段あまり意識することなく、普通に会話していますが、人と会って話をするということは、実は、とてつもなく「すごいこと」をしているのです。少なくとも、創造性豊かになることだけは、間違いないでしょう（会話の「内容」によるのかもしれませんが……）。

先ほど触れた「会いたい人と会う」についても、ひとりでも多く社外の人と会って、話をすることが大切です。会って刺激を受けるだけでなく、こちらからも積極的にコミュニケーションをとることで、頭の中が整理されて、創造力が働き、思わぬ「ヒント」や「アイデア」がひらめいたりします。

双方向で良い会話ができる時、初めてその人が自分にとって、「オリジナルな人脈」になるとも言えます。一方、「自分だけの人脈」を築くためには、会う人を増やさなければなりません。
社外の多くの「会ってみたい」人とコミュニケーションを図ることで、より良いライフキャリアプランがまとまる確率も高くなるはずです。

会社は利用するに限る

新卒で、日本の企業に入社してしばらくすると、「会社が一生面倒を見てくれるんじゃないか」と感じてしまうことがあります。何となくですが、そのような錯覚に囚《とら》われてしまいます。

おそらく、社内の仕組みが年功序列で、終身雇用を前提としていたからかもしれません。「生涯、食いっぱぐれることはないだろう」という安心感と共に、会社に対する依存心が芽生えるようになります。

この感覚は、入社した際の「暗黙の了解」でもあり、いつの間にか「滅私奉公は当たり前」といった雰囲気が、社内に蔓延します。

昔ながらの労使関係は、使う側からするととても便利な仕組みで、とにかく「やれ、やるんだ！」と号令をかけるだけで、たくさんの従業員が、言われた通りに、せっせと作業に励むことになります。

昨今は、様々な環境の変化に伴い、社内の状況も、随分と様変わりしているのではないかと思います。それでもまだ、旧態然とした「年功序列」や「終身雇用」的な名残りのある会社も、少なからずあるかもしれません。

それはそうでしょう。表向きの制度は変われど、都合のいい「暗黙の了解」は「捨てがたい」からです。

まして、現在経営の側にいる「偉いさん」の多くは、かつて「滅私奉公」してきたわけですから、心のどこかで、無意識のうちに、同じようなことを、部下に求めるかもしれません。たとえ、そうならないように教育や指導を受けていたとしても、若い頃の体験は、体の中に染みついているものです。

外資系企業で、気の合う上司と仕事をしていた頃です。その上司は、当時、組織的大混乱の中で、強いコミットメントを持って「超多忙」な毎日を送っていました。頼りにされていたこともあり、こちらも「激しく」仕事をしていたので、ある機会に、

「〇〇さんのために頑張っているんですよ」

と話しました。すると、上司から返ってきた言葉は、

「その『○○さんのために』という考え方は危険だな。決してほめられたものではない。考え直したほうがいいと思うよ」

「え、そうですかね？」

「そりゃそうだよ。よく考えてみることだね」

気心の知れた、相性の良い上司だったので、間違いなく本音だったと思います。

改めて考えると、「まずは自分自身を大切に、そのうえで自分のことを優先するように」とでも言いたかったのかもしれません。「『○○さんのために』は危険な考え方」という助言は、その後の会社組織を生き抜く上で、とても貴重な財産となりました。

次は、日系企業から外資系に転職したビジネスマンの話です。

転職先の上司からもらったアドバイスが、「会社は一生面倒を見てくれないから、自分のキャリアは、自分で築き上げるように」だったそうです。「それからです、真剣に自分の将来を考えるようになったのは」と、その方はしみじみと語っていました。

日本の会社にいると、「自分のキャリアは自分で」のような話はあまり聞きません。少なくとも昔は、皆無といっていいほどありませんでした。「会社が面倒を見てくれる」「会

社が何とかしてくれる」「会社は自分を見捨てない」という大前提は、もはや存在しません（もともと存在していたのかも、実は怪しいですが）。あるとしたら、それは「甘えの構造」の上に立脚した「虚像」であると言わざるを得ません。そのような時代は、仮にあったとしても、もう二度とやってくることはないでしょう。

しからば、会社にいる間は、いい意味で「会社を利用する」に限ります。目の前にある実務を通して、自らのキャリア構築に役立つ、「インフラ作り」に励むわけです。

更に、何が起きてもいいよう、自分ならではの「ライフキャリアプラン」ができあがれば準備万端です。

ライフキャリアプランが道標

今いる会社に残ろうが残るまいが、見切りをつけて転職しようがしまいが、いつかは組織と別れを告げる時がやってきます。

「俺は生涯組織人だ」という豪快な話も、聞いたことがあります。「定年までつつがなく」

という話は耳タコです。しかし、組織で仕事をしている限り、必ずや組織から離れる時がやってきます。

問題は、「組織との離別」が、いつどのタイミングでやってくるか、ということです。定年であれば、はっきりしているので分かりやすいですが、リストラや倒産など、不慮の事態ともなれば、「予測不能」であると言わざるを得ません。

自分の意思で、離脱することもあるでしょう。脱サラや独立、起業する人もいます。それで成功することもあります（成功したかどうかの判断は、本人次第ですが）。うまくいかず、また会社勤めに戻る人もいます（この場合、金銭的な事情が多いですが）。

どちらに転んでも、会社に一生いることはできません。どこかで「さよなら」をしないといけなくなります。

慣れ親しんだ職場と別れるのは、「何となく寂しい」と感じる人もいると思います。「我ながらよく我慢した」と、晴れ晴れとした気分になる人もいるかもしれません。中には、何をしていいか分からず、右往左往する人も出てきます。

特に、想定外の事情で、突然組織を離脱する状況に陥った場合は大変です。心が慌てふためき、動揺を隠せません。「落ち着け！」と自分に言い聞かせても上の空、わらをもつかむ気持ちです。

それでも、自分の道は、自分で切り開くしか術《すべ》はありません。会社や組織も、人事の制度や仕組みも、究極的には、大した助けにはならないからです。

以下は、元米国務長官のコリン・パウエル氏が、先輩の大将から聞いたという話です。

「物事をなすのは組織ではない。物事をなすのは計画や制度ではない。物事をなせるのは、人だけだ。組織や計画、制度は、人を助けるかじゃまするか、である」(『安倍官邸の正体』田﨑史郎著、講談社現代新書、187頁)

ライフキャリアプランのイメージができていると、組織の中で仕事をしていても、無意識のうちに、次につながる「ヒント」を、自ら手繰《たぐ》り寄せています。本能的に気づきます。然らば、「いざ鎌倉」という時、精神的に路頭に迷うことなく、自信を持って次に進むことができるようになります。

ライフキャリアプランは、想像以上の力を発揮します。ひらめいたイメージやコンセプトは、自らを守るだけでなく、窮地から脱出するための「手綱《たづな》」となり、組織から離れても、はつらつとした人生が過ごせる「ライフワーク」へと導いてくれるのです。

第５章　ゴールデンステージで生涯現役

人生３つのステージ

会社員の人生は、大きく分けると次の「３つのステージ」に分類することができます。

・第１ステージ：生まれてから学校を卒業するまでの期間
・第２ステージ：社会に出て、会社組織の中で仕事をする期間
・第３ステージ：組織から解放されて、やりたいことをする期間

第１ステージは、学びの期間であり、社会に出るために準備をする時期でもあります。この間は、親と学校に依存しますので、家庭における「しつけ」や、学校での「教育」に従属する立場にあります。

その観点から、「エデュケーションステージ」とも呼ぶことができます。夢を抱きながらも挫折を繰り返す時代で、時には、反抗という形で自己アピールすることもあります。

第2ステージは、社会に出て、仕事をすることによって収入を得る時期で、読者の多くはこのステージにいるのではないかと思います。

この期間は、ご存じの通り、衣食住の自立を果たす時でもありますので、「物理的独立のステージ」と呼ぶこともできます。一方、自らのキャリアを構築して自己実現も追求しますので、「ビジネスキャリアステージ」と表現することもできます。

第2ステージの特徴は、「家庭」や「会社」という、一筋縄ではいかない環境に身を置くので、なかなか自分の思い通りになりません。安定した生活環境が確保できたとしても、「家庭の事情」や「会社の都合」で、何かと我慢を強いられます。

社会に出た当初に抱いた「自己実現」や「志」の類いは、往々にして道半ばで「泡と消える」ことになります。従って、「あきらめのステージ」と呼ぶこともできるでしょう。

第3ステージは、組織から解放されて、やりたいことをする期間です。ここまで見てきたライフキャリアプランの「終着駅」であり、「精神的独立のステージ」となります。自由を得て、「やりたいこと」や「やってみたいこと」を実現する場でもあります。自らの「ひらめき」でイメージした「ライフワーク」を、やりがいと充実感をもって、楽しみながら過ごす時期であるとも言えましょう。

このステージを「ゴールデンステージ」と呼ぶことにします。

ゴールデンステージ

前述の外山滋比古氏は、別の著書で次のように指摘しています。

「普通の人は、二世でも三世でもなく自分からすべてが始まる〝初代〟です。昔は『人生わずか五十年』と言ったものです。一生は一生です。ところが、高齢化が進んだ現代においては、一生が一生で納まらなくなってしまいました。かつての一生のあとに三十年近い第二の人生ができてしまっています。

これは新しい情況です。人生を二度生きた人は、これまでにほとんどいないと言ってよいでしょう。いまの中高年の人は、前人未踏のコースを進もうとしているわけです。前を行く人がいません。しかるべきガイドもありません。自分の才覚で生きていくほかないのです」（『50代から始める知的生活術』外山滋比古著、だいわ文庫、140頁）

ここで言う「第二の人生」が、先ほどの第3のステージ、つまり「ゴールデンステージ」に相当すると考えると、それは、道標のない「前人未踏のコース」を「自分の才覚」

で歩いて、「二度生きる」ということになるのでしょうか。この「新しい状況」は、何も定年を迎えてからの話ということだけではありません。

ゴールデンステージは、自ら構築したライフキャリアプランの「目標到達地点」です。早い人は30代、40代でキャリアシフトし、悠々自適かどうかは別として（傍《はた》からはそう見えてしまうのですが）、少なくとも、充実した、納得のいくライフワークに没頭しています。言い換えると、「生涯現役」のスタンスで、定年なき「オリジナルライフ」を楽しむということでもあります。

私の友人や知人の中にも、すでにこのステージで活躍している仲間がたくさんいます。彼らは皆、大手企業で働いていた会社員ですが、かなり早い段階で組織に見切りをつけて、独自の世界にキャリアシフトしています。

その職業は、建築家や映像クリエイターのようなクリエイティブ系から始まって、NPO法人を設立して社会的事業へ参画したり、サービス関連の会社を立ち上げて活躍する経営者に至るまで、実に多種多様、多岐にわたります。

ゴールデンステージを生きる仲間に共通しているのは、「精神的に独立」しているということです。衣食住を満たす「物理的な独立」は、大半の人が第2のビジネスキャリアステージで果たしているかと思いますが、精神的に独立するのは、簡単なことではありません。

それが証拠に、「やっていること」と「やってみたいこと」が一致していると断言できる人は、ビジネスキャリアステージにはそれほど多くはいません。

ここで言う「精神的な独立」とは、自分の意思で、自分の考えたシナリオに沿って、自己実現を図るということです。何事にも、何物にも依存することなく、志を貫き、「自由空間」を生き抜くことでもあります。

当然のことながら、成果がすぐに現れるとは限りません。時には、大した収入に結びつかないこともあります（例外もあるようですが）。

仲間の話を聞けば聞くほど、実に地味な作業を積み重ねる毎日を送っています。しかも、その繰り返しの日々です。でも、彼らの活動は多くの人々の役に立ち、感動を与え、感謝されるという、かけがえのない、素晴らしい共通点も併せ持っています。

次に、福澤諭吉の名著をひも解くことにします。

「もちろん、独立して生活するのは、人間にとって重要なことであり、『自分の汗で飯を食え』とは、古人の教えではあるけれども、私の考えでは、この教えを達成したからといって、人間たるもののつとめを果たしたとは言えない。この教えはただ、動物に負けていない、というだけのことだ」(『現代語訳学問のすすめ』福澤諭吉著、齋藤孝訳、ちくま新書、118頁)

同書は続きます。

「要するに、われわれの仕事というのは、今日この世の中にいて、われわれの生きた証を残して、これを長く後世の子孫に伝えることにある。これは重大な任務である。どうして、数冊の教科書を読み、商人となり職人となり、小役人となり、年に数百程度の金を得て、わずかに妻子を養って満足していられようか。これでは、ただ他人を害さないというだけだ。他人にプラスになるような者ではない」(前掲著、125~126頁)

日々の生活を維持するのもままならない昨今ですが、それだけで満足していては、「動物に負けていない」程度と言われれば、現代を生きる我々としても、その先を見つめないわけにはいきません。

何らかの形で、社会との関係を維持しながら、金銭の多い少ないにかかわらず、自分にできること、やれることで、世の中に貢献すべきということでしょうか。

内容が、自分にとって「やりたいこと」「やってみたいこと」であれば、何も言うことはありません。ゴールデンステージで自由気ままにライフワークに勤《いそ》しむということは、おそらく、そういうことなのだと思います。

３つの「自」

ゴールデンステージは、「ライフキャリアプラン」でイメージしたコンセプトを、自分自身の手で実現する場です。「自己を再発見し、自立して、自由に活動する」ということでもあります。

そこで、次に「自己」と「自立」及び「自由」という言葉の持つ意味について、考えてみたいと思います。

まず、「自己」を見てみましょう。

辞書を調べると、「自分。自身」「哲学で、同一性を保持して存在するあるものそれ自身」（出所：デジタル大辞泉）とあります。ちょっと分かりにくいかもしれません。

心理学者のユングによると、「自己は、意識も無意識も含めた、心全体の中心である」と考えました。「自己は心全体の中心」と考えると、もう少し理解しやすいのではないでしょうか。

「自己を再発見」することが、「『意識』していることだけでなく、『無意識』な部分にも気づくことである」と解釈すると、「ひらめき」が「心の中心に眠っていた、大切な何かを顕在化させる」と捉えることもできます。

次の「自立」は、「他の助けや支配なしに自分一人の力だけで物事を行うこと」（出所：大辞林　第三版）とあります。

こちらは比較的分かりやすいですね。「すでに存在する組織に依存することなく、我が道を行く」とも理解できます。まさに、ライフワークの根幹を成すと言えるでしょう。

最後の「自由」は、「自分の意のままに振る舞うことができること。また、そのさま」（出所：デジタル大辞泉）とあります。

この言葉は、実に頻繁に、都合よく使われる言葉でもあります。時と場合によって様々な解釈もできますが、ここでは一旦、「勝手気ままに、気の向くままに」と表現しておくことにします。

「自己」「自立」「自由」をよく見ると、いずれも「自」という漢字で始まっています。そこで、今度は「自」について考えてみましょう。

「自」を調べると、「自分の意を表す」という意味に加えて、「時間・場所を示す名詞に付いて、起点を示す」（出所：デジタル大辞泉）とあります。

「自東京至名古屋」など、「起点」として用いられるわけです。

「『自己』を再発見し、『自立』して、『自由』に活動する」ゴールデンステージは、新たな人生のスタートラインにつく「起点」を意味しているとも言えます。

3つの「自」をもじって、ここでは「トリプル・ジー」と呼ぶことにします。ちなみに、「ジー」はゴールデンステージ（GOLDEN STAGE）の〝G〟と捉えることもできます（完全なこじつけですが、これも個人の自由として）。

精神的独立で自由を得る

次に、「自由」について、もう少し詳しく考えてみたいと思います。

日系企業で企画の仕事をしていた時のことです。

「今回はとにかく先入観に囚《とら》われず、まずは白いキャンバスの上に、『自由』に絵を描くことから始めてみよう。分かったな？」

上司からの指示で、一旦は「理想形」を書いてみるのですが、チェックが入るたびに修正が加わり、気がつくと、「真っ白」だったキャンバスはもう「ぐちゃぐちゃ」になっています。

その結果、仕上がった最新の企画書は、過去のものと何ら変哲のない、ごく普通の、ありふれたプランとしてめでたく承認となります。

同じ会社で、同じ仕事を長年していると、そんなに斬新なアイデアなど出るはずもありません。ましてや、いつもと変わらぬメンバーが、机の上で（たまにテーブルを囲んで）、鉛筆を転がすがごとくの作業をやるのですから、たかが知れています。

それでもたまには、気の利いたプランがまとまることもあります。そこで、本当に実現が可能かどうかの調査に入ります。すると、大半は諸事情で「ちょっと厳しいかも」となって、「いい線いっていたんだけどなあ」――ぼやきと共に企画は終了します。

何と寂しい業務でしょうか。

しかし、です。このむなしい作業をすることで、月々の給料がもらえるのです。たとえ企画したことが実現しなくても、白いキャンバスを塗りつぶすだけで、毎月銀行口座にきちっとお金が振り込まれます。

白いキャンバスは、結局思い通りになりませんが、上司の指示に従うだけで、少なくとも衣食住の確保はできることになります。見方を変えると、「個人の自由を放棄して得る代償」であるとも言えます。

工学博士で、国立大学の建築学科で研究をされていた作家の森博嗣氏は、「自由」について次のように語っています。

「自由というのは、『自分の思いどおりになること』である。自由であるためには、まず『思う』ことがなければならない。次に、その思いのとおりに『行動』あるいは『思考』すること、この結果として『思ったとおりにできた』という満足を感じる。その感覚が『自由』なのだ」（『自由をつくる　自在に生きる』森博嗣著、集英社新書、18頁）

自由を得るためには、

「当然ながら、自分が何に支配されているのかをよく考えることが必要だ。自分を束縛する原因となるもの、もしそれが人為的なものならその意図をしっかりと把握することだ。ただし、支配の中には、実際はそれほど拘束力を持っていないのに、貴方が『これからはとうてい逃げられない』と思い込んでいるものがあるはずで、そのことに気づくだけで、解放されるものだってある。原因がわかれば、少なくとも目標は絞られる。このように、

考えるだけでも少し自由に近づけるはずだ」(前掲書、66頁)

会社という組織の中で、実際に自分の思い通りに事が運ぶことは、ほとんどありません。あるとしたら、相性の良い上司に恵まれた時くらいです。

どうも多くの会社員は、無意識のうちに、上司含めた会社組織という枠組みに「支配」されているようです。

では、この枠組みは、どれくらいの拘束力を持っているのでしょうか。

ひょっとすると、自分で「会社から逃げ出すことはできない」と勝手に思い込んでいるだけなのかもしれません。あるいは、「転職」という文字が頭をよぎっても、外でやる自信がなかったり、その後の将来に不安を感じて、実行をためらっているのかもしれません。

今いる組織に「支配されている」と認識した時は、その組織から抜けない限り、真の自由は手に入りません。瞬間、自由が手に入ったと感じても、それは、相性の良い上司との関係がもたらす「居心地のよさ」に過ぎない、と考えたほうがいいでしょう。

本当の意味で、やりたいことを「思いのまま」「意のまま」にできるのは、「精神的独立」を果たした時です。精神的独立を得ることが、ライフキャリアプランを練って、ゴールデンステージ入りを目指すゆえんでもあります。

勘と経験を生かす

最近の会社では、管理職のポストは、間違いなく減ってきています。以前のように、多くの年配役職者が、社内で威張っている風景は少なくなったと言えるでしょう（まだ残っている会社もあるかもしれませんが）。

そのため、年を取っても、若手と同じ土俵で仕事をしなければならないベテランも、かなり増えていると思われます。

役職がつくようになっても、職責は広がらず、部下と同じレベルの業務も、並行してこなさなければならなくなっています。外資系企業では、役職者の多くが実務も行う、「プレイングマネージャー」と呼ばれるポジションで働いています。部下なしの環境下で、マネージャー職として仕事をしている社員もいます。

昨今は、日系企業でも同じ傾向を見受けるようになってきました。「指示するだけ」の管理者が減っていること自体は、考えようによっては良いことなのですが、問題は、ベテランが、若手と同等の仕事を強いられる時です。

多くの会社員が実感していると思いますが、人間の体力は、5年、10年単位で振り返ると、明らかに落ちています。お酒を飲む方であれば、深酒した翌日の回復力を思い浮かべるといいかもしれません。

20代は午前中で回復し、「よし、今晩も飲みに行こう！」となります。30代は夕方には回復していますが、「今日はもういいかな」とあきらめます。40代も半ばを過ぎると、もうその日のうちに回復しなくなり、「これはまずいぞ……」と焦ります。

50歳を超えると、翌日のことが頭をよぎり、それまでは当たり前のようにしていた「はしご」すらしなくなります（個人差はありますが）。

視力も影響します。40代後半になって、老眼が入ってくると、至近距離が見えづらくなります。近視の人は、遠近両用のメガネに変えますが、目が馴染《なじ》むまでに数週間はかかります。

馴染むようになってからも、目の疲れは倍増します。それに伴い、細かい作業の生産性が極端に落ちることとなります。特に、パソコンに依存した仕事をしていると、不便さは顕著に現れます（こちらも、個人差あるようですが）。

「11歳と55歳の体力はほぼ同じ」というデータを検証する番組を、以前テレビで見たことがあります。

11歳と55歳のトップアスリートが集い、それぞれ「陸上の50ｍ走」と「水泳の25ｍ泳ぎ」を競うのです。どちらが勝ったかは、はっきりと覚えていないのですが、共に「いい勝負」だったことだけはよく覚えています。

その時初めて、「50代も半ば過ぎると、体力は小学生並みになる」ことを思い知らされました。プロゴルフのシニアツアー参加資格が「50歳から」というのも、分かる気がします。それくらい、基礎体力は年齢と共に衰えてしまうのが現実です。

会社の仕事も、年と共に、「できる仕事」と「できなくなる仕事」がハッキリしてきます。「できるんだけれど、体がついていかなくなる」という表現のほうが、より適切かもしれません。

しかし、昔のように、ただ指示だけしていればいい時代は過ぎました。何らかの形で、実務にも関与しないといけない業務が、今後ますます増えてくると思います。

しかるに、「ベテラン」と呼ばれる社員には、それまで培ってきた豊富な業務経験があります。技術職であれば、熟練した技能とでも申しましょうか。その業務を遂行するに当たって、直面する場面、場面で、様々な勘が働きます。

「瞬時の直感」は、非常時ともなれば、現場の危機を救う「切り札」にもなります。ベテラン社員は、ちょっとやそっとでは身につかない「ノウハウ」を持っているわけです。であれば、その「勘と経験」を生かさない手はありません。勘と経験をフルに活用して、体力の衰えを補い、いい意味で楽をしながら、以前にも増して、生産性を上げればいいだけのことです。

ライフキャリアプランが導くゴールデンステージは、勘と経験を「フル活用する場」でもあります。

創意と工夫が成功を導く

かなり前の話ですが、出張の帰りに羽田空港からタクシーに乗りました。そのタクシーは、当時としては珍しいワゴン車でした。そこで、運転手さんに聞いてみることにしました。

「ワゴン車って珍しいですね」

「そうなんですよ。最近、今のタクシー会社に転職したんですが、倉庫の中を見ると、ワゴン車がほこりをかぶって眠っていたんですね。そこで、この車を使えないか打診してみたら、簡単に許可が下りたんです」

「そうなんですか」

「このワゴン車だと、荷物たくさん載せられますから、羽田空港で客待ちしていると、結構評判良くてね。また利用したいって言ってくれるんで、個人で携帯電話買ってね、電話番号教えるようにしたんです」

「個人で携帯買ったんですか、すごいですね」（当時、携帯電話はまだ業務用が中心で、今のように個人にまで普及していませんでした）

「いやー、そんなことないですけどね。そうしたら、ありがたいことに、お客さんからしょっちゅう電話もらうようになってね」

「リピート入ったんですね」

「そうなんですよ。単身赴任中のお客さんがいてね。日曜に戻る前に、家族で遠出するんですが、その時にも終日利用してもらっているんですよ。もちろん、帰りは羽田経由ですけどね」

「それはすごい！」

「それと、年取ったおばあさんがね、毎月使ってくれているんですよ。何でもね、月に1

回都内を買い物して回るそうで、最近は歩くのがきつくて、荷物も多くなるので困っていたらしいんですよ」

この時、すでに私はこの運転手の知恵に感銘を受けるだけでなく、その人柄にもひかれるようになっていました。

「それにしても、よくワゴン車に目をつけましたね」

「前の会社で身に着けたことをね、ちょっと工夫しただけですよ」

きっと、倉庫に眠るワゴン車を見つけた時、一種独特の「勘」が働いたのでしょう。こともなげに語る「タクシー運転手」にとって、このワゴン車は間違いなく、「宝物」に映ったのではないでしょうか。

そうこうしているうちに携帯電話が鳴り、ハンズフリーで会話する内容から推測すると、固定客から連絡が入ったようです。

「いま別のお客さん乗せてるんで、後でかけ直しますね」

自宅に着いて降りる際に、携帯電話の番号が入った名刺を渡しながらひと言、

「御用の際には、電話お待ちしていますね」

恐れ入りました……。

このタクシー運転手が工夫したポイントは、「ワゴン車を発見して、羽田空港で荷物の多い客を待った」ことと、「リピート客が見込めると判断して、個人で携帯電話を購入した」ことにあります。

加えて、タクシー会社という組織を離れても、「個人」でやっていけるだけのノウハウと固定客という「財産」を、この時点ですでに手に入れていたことになります。

次は、40代後半に起業した友人の話です。

久々に再会して近況を聞いてみると、

「いろいろあるけど、工夫しながら何とかやっているよ」

「そりゃよかった。で、どんな工夫しているんだい？」

興味があったので、それとなく聞いてみると、他の会社とは少し違う領域に絞り込んでいるとのことでした。中でも印象的だったのが、

「競合他社が引き受けない案件も、条件つきでやっているんだ。確かに、その手はハードル高いんだけど、ダメ元でいろんな方面から当たってみると、思いもよらないところから糸口が見つかることがあるんだ」

「やるねえ、それで？」

「この間のケースは、やはり最後の最後が厳しくて、完成というわけにはいかなかったんだけど、結構いい線で着地したんだ。『完結しなくても問題ない』という条件で始めているからさ、ちゃんと料金支払ってくれるんだよ。そもそも、そういう案件は、顧客側も難しいことは理解しているからね、かえって喜んでもらえたんだ」

「そりゃすごい。それで、他にはどんなことがあるの？」

「あとはね、当初決めた値段は下げていないんだ。値切ってくるお客はたくさんいるけど、変えない。すると、そういうお客は戻ってこない。でも、それでいい。その代わり、こちらの価格を飲んでくれたお客に対しては、手を抜かず、『徹底的に良いサービスを提供』するのさ。するとね、その人がまた利用してくれたり、他のお客を紹介してくれたりするんだ」

この友人が工夫しているポイントは、徹底して競争を回避しているところにあります。他社が手を引くような仕事にも、条件つきでチャレンジしています。サービス料金も変えず、価格交渉にも応じません。その結果、上質のサービスを提供しながらも、必要最低限の利益を確保しています。

もうひとつ付け加えると、創業時のポリシーとして、「決して規模を追うことなく、少数精鋭でやること」にこだわり続けているそうです。前にいた会社が、やたらと規模を追った結果どうなったかを、肌身で感じて知っているので、それを「反面教師」として、「座右の銘」にしているとのことです。

勘と経験に裏づけられた「創意工夫」は、思わぬ成功をもたらします。また、それは好循環となって、継続したビジネスを可能にします。何よりも、工夫話をする彼らの生き生きと輝いた目が、すべてを物語っています。

創意工夫は、ゴールデンステージを更に輝かしいステージへと引き上げてくれるのです。

試行錯誤あってこそ人は成長する

皆さんは、「ガンエフェクト」という言葉をご存じでしょうか。映画やドラマの中で使われる特殊効果の一種で、ピストルやマシンガンを撃つシーンの迫力をリアルに表現するために用いられます。

以前、あるテレビ番組で、このガンエフェクトに関しての特集がありました（『シューイチ』日本テレビ系列、2016年3月6日オンエア）。

司会者の中山秀征さん（以下、ヒデさん）が飲食店（だったと記憶しています）に現れ、マシンガンを乱射します。すると、命中したものが皆粉々に飛び散ります。見る側からすると、本物のマシンガンを乱射しているようにしか見えません。まるで、映画の中の緊迫した白熱のシーンを見ているようでした。

その後、ガンエフェクトを演出した「名人」と呼ばれる専門家が登場して、種明かしをします。その中で、特に印象的だったのが、コンクリートを粉々にする方法です。

「実は、このコンクリート、高野豆腐でできているんですよ」

「へぇー、高野豆腐とは驚きました。どうして高野豆腐なんですか？」

ヒデさんの質問に、名人はとつとつと答えます。

「いろいろな素材を試してみたんですが、今ひとつで、試行錯誤しているうちに、高野豆腐にたどり着いたんです。これを使うと、極めて本物そっくりに見えるだけでなく、豆腐なので、体に当たってもあまり痛くないというメリットもあるんですよ」

ガンエフェクトの専門家は、さりげなく「試行錯誤しているうちに」と語っていますが、何十年もの歳月を経て行き着いた「高野豆腐」です。実に重みのある言葉です。

「もっとリアルに見えるコンクリートは作れないのか？」という職人魂がそうさせたので

しょう。飽くなきチャレンジの連続ではなかったかと思われます。

今度は、アメリカメジャーリーグで大活躍したイチローが、メジャー通算３０００本安打を達成した直後に放映されたテレビ番組からです。

イチローの活躍ぶりについては、今さら説明するまでもありませんが、意外と知られていないのが、記録を達成するまでの数年間の「低迷」です。この低迷は、３０００本安打達成という偉業に隠れて、忘れ去られています。

当時のイチローの実績を、改めて振り返ってみましょう。

２０１０年：10年連続で年間２００本安打を達成（メジャー記録樹立）
２０１１年：メジャーで初めて年間２００本安打に届かず
２０１２年：シーズン途中でヤンキースに移籍
２０１３年：年間１３６安打に終わる
２０１４年：年間１０２安打で終わる
２０１５年：マーリンズに移籍、年間91安打、打率０・２２９に終わる特に、晩年は出場機会にも恵まれず、ヒット数も100本程度しか打てませんでした。個人的には、「2016年度中の3000本達成は、ちょっと厳しいのでは」と感じていました。

ところがその年は、シーズン当初から凄まじい勢いで打ちまくり、ついに大記録を達成してしまいます。

そのイチローが、特別番組の中で、「技術」について、次のように語っています。

「『技術』が練り上げられていくこと、『技術』がどんどん前に進んでいくこと、というのは、いろんな失敗を繰り返していかないと達成できないことなんですよね。自分がいいなあと思った感じが、感覚が続かない。で、また何かを変えていく。で、ちょっと前に進む。でも、またそれが逃げていく。それを繰り返していって、少しずつ前に進んでいく、というのが『技術』だと思うんですよね。それが、時間をかけて練り上げられていく。時間をかけなくては練り上がっていかない、というふうにも言えるんですけど。それは、時間を経ることでしか得られないことだと、僕は思います」（『イチロー3000本の軌跡』NHK BS1、2016年8月13日オンエア）

長年同じ仕事をしていると、「何となくうまくいかない。何かちょっと変だぞ」と感じることがあります。その背後には、いろいろな事情が複雑にからみ合っています。

ビジネス環境の変化という「外部要因」から始まって、知らず知らずのうちに固定概念や成功事例に縛られるといった「内部要因」や、体力の衰えなどの「肉体的要因」に至るまで、様々です。それでも、次の一手を打たなければ、じり貧になるだけです。

試行錯誤は、失敗の連続でもあります。しかし、失敗を恐れて動かなければ、何も起きません。考え抜いたあげくの「良い」は、試す価値「有り」です。チャレンジして初めて、新たな「道」を知ることになるのです。

究極のライフワーク

ゴールデンステージで行う仕事を、「ライフワーク」と呼びます。ライフワークというと、とても仰々しく聞こえてしまいますが、決してそうではありません。

すでに見てきたように、人生の第3ステージは、組織から解放されて、やりたいことをする場であり、自由を得て、「やりたいこと」や「やってみたいこと」を楽しむ時でもあります。

またテレビ番組の話になってしまいますが、当時70代の男性が、会社をリタイアしたあとのライフスタイルをご紹介します（『笑ってコラえて！』日本テレビ系列、2016年8月24日オンエア）。

この方は、「鳥」の写真を撮るのが趣味で、以前、ある島に鳥の写真を撮りに行ったのですが、あいにく鳥が見当たりません。あたりを見渡すと、波打ち際で「サーファー」が、サーフィンを楽しんでいます。そこで、この男性はサーファーをカメラに収めてみたそうです。

これが「はまり」だったようで、それからは毎日近所の浜辺で、早朝からサーフィンに励む若者の写真を撮るようになりました。更に、その写真をサーファーに無料で配るようにしたのです。

すると、次第にサーファー仲間の間で話題となり、この男性は、知る人ぞ知る「特別な存在」となっていきます。男性が70歳を迎えた時には、150名近いサーファーが古希のお祝いとして、ライブ会場でパーティーを開いてくれました。

何よりも、作品が群を抜いて素晴らしいのです。その多くは、躍動感と美しさが同居する、写真の域を超えた絵画に近い作品で、賞に入選したこともあるそうです。

番組の質問に対して、

「サーフィンはしたことがありません。それどころか、実は『カナヅチ』です」

と答えるその笑顔は、いい感じに日焼けしていて、とても70歳を超えているとは思えないほど若々しく見えました。

写真を撮られたサーファーたちにとっても、「ひょっとすると、自分が被写体になっているかもしれない」と感じたら、スター気分で張り切るのではないでしょうか。実際に、後で写真を見ると、「あ、これ俺だ！」となるそうです。

この男性のすごいところは３つあります。ひとつ目は、サーファーを写真に撮ってみようとする「好奇心」です。

普通、「鳥」を撮るのが趣味の写真家であれば、島まで行って、お目当ての鳥がいなければ、１羽でもいいから見つけようとするのではないでしょうか。でも、この男性は「サーファー」を撮るという行動に打って出たのです。その結果、新たな「楽しみ」を発見することになります。

ふたつ目は、自ら「社会との関わり」を持とうとしたことです。

趣味で写真を撮る人は普通、自分で撮った写真を、赤の他人に分け与えるといった行為には及びません。まして、相手はどこの誰とも分からない、見ず知らずの若者たちです。しかるに、サーファー写真家はわざわざ浜辺まで足を運んで、撮った写真を見せて配ったのですから、ある意味、かなり勇気のある行為でもあると言えます。

3つ目は、「奉仕の精神」にあります。

本来であれば、撮った写真を売ることもできたはずです。実際に、最初写真を見せた時には、サーファーから「お金払うよ」と言われたくらいですから、「はい、いくら！」とお金をもらうこともできたはずです。

でも、この男性は「趣味で撮っているので」と、受け取りません。人柄がそうさせたとも言えるのですが（もちろん、金銭的に困っていないという大前提もあると思います）。

以上のようなライフスタイルは、ここまで述べてきた「究極の自由人」を物語っています。組織から離れて、「やりたいこと」を自分の思い通りにやっているだけでなく、創意工夫を凝らして、「やってみたいこと」を新たに見つけるに至っています。

しかも、「楽しみ」を周りの人にもシェアした結果、多くの若者から感謝され、尊敬されるという、高いレベルに達しています。サーファーを撮るという「生き甲斐」は、たまたま会社を定年退職した後に実現していますが、もっと早く今の道に入ったとしても、十分なライフワークであると言えます。

余談ですが、個人的にはこの「サーファー写真家」には写真集でも発表して、「傑作」を世の多くの人々に見てもらいたいとも感じました。独自の「サーファー写真」がビジネスとして拡大すれば、より多くの関係者にも「恩恵」が及ぶのではないか、と思った次第です。

でも、それを決めるのも「本人の自由」です。本人の「思うがまま」「気の向くまま」でいいということになるわけです。

輝かしい未来のための草鞋《わらじ》作り

一橋大学大学院教授の楠木建氏が、新聞に寄稿した記事に、興味深い内容が書かれていたので紹介します。それは、19世紀のゴールドラッシュ時代にあった、「金鉱掘るよりジーンズ売れ」という話です。

「一獲千金を夢見た人々がカリフォルニアに殺到したが、やがて金は尽きてしまう。安定的に利益を獲得したのは、押し寄せる金鉱掘りに生活必需品（ジーンズなど）を売った商人だった」（経済教室「企業経営 再興の条件（下）『事業機会の裏』に勝機あり」楠木建、日本経済新聞、２０１６年5月25日付）

今時、アメリカで金を掘り続けている人はおそらくいないと思いますが、ジーンズは世界中で売れまくっています。しかも、当時の「作業着」という概念をはるかに超えて、今やファッションの最先端を走り続けています。

1着数万円もするビンテージものから、数千円の普段着に至るまで、ＴＰＯに合わせて、実に幅広い消費者に受け入れられています。ゴールドラッシュで賑わっていた当時、この将来を誰が予測したでしょう。

ここで「籠《かご》に乗る人担《かつ》ぐ人そのまた草鞋《わらじ》を作る人」という、前述（30ページ）の日本の格言に話を戻しましょう。

すでに第1章で述べた通り、会社で働く社員にとって、「籠」は一流企業や幹部級のポストなど、いわゆる「企業ステータス」として捉えることもできます。また、籠を担ぎながら「俺もいつかはこの上に乗ってみせるぞ！」と組織の中を泳いで回ります。

でも、「俺は草鞋を作るぞ！」と意気込む企業戦士に、私はお目にかかったことがあまりありません。

改めて指摘するまでもありませんが、いかなる巨大企業といえども、未来永劫存在し続ける保証はありません。

どんなに良い実績を残そうが、申し分ない社会的評価を得ようが、10年後、20年後に今と同じ姿で存続しているとは限りません。昨今、新聞紙上を賑わす一部の大手企業の無残な姿を見ても、結果は一目瞭然です。

どうも、この「籠」は、「ゴールドラッシュ」と相通じるところがあります。ゴールドラッシュという「宴《うたげ》」の後に残ったのが「ジーンズ」だとすると、籠という宴の後に残るのは、そう、「草鞋《わらじ》」です。

しかも、草鞋は姿、形を変えながら、「はき物」という生活必需品として、現在も立派に存続しています。「草履《ぞうり》」や「下駄《げた》」に至っては、「高級品」として（モノによってですが）日本の伝統や文化を維持しているとさえ言えます。

「宴の後に残るのは何か？」企業で働く会社員にとって、今ほど真剣に、この問いに対する答えを見つけなければならない時代はありません。何といっても、第3ステージの到来が、すぐ目の前に迫っているわけです。早く自分の「草鞋《わらじ》」を見つけないと、路頭に迷う時代に突入しているとも言えます。

自分ならではの、オリジナルな草鞋に気づいた時が、「ひらめきの瞬間」です。その時が、自由気ままなライフワークと共に過ごすゴールデンステージの「スタートライン」となります。

ゴールデンステージの楽しみ方

ゴールデンステージを楽しく過ごす方法は、次の3つに集約されます。

ひとつ目として挙げられるのが、「やりたいこと、やってみたいことをする」ことです。すでに述べてきましたが、まずはこれにつきます。

しがらみや束縛から離れて、勝手気ままに活動することです。裏返すと、「やりたくないことはしない」でもあります。

ふたつ目としては、「何事も自分のペースでやる」ことです。組織の中の仕事は、ほとんどが会社のペースで進みます。

通常のビジネスであれば、仕事に納期や期限、予算の制限がつきまとうのは、ある意味当然と言えば当然です。ないほうがおかしいかもしれません。

問題は、「上司のペース」にも合わせなければならないことです。ここが肝心です。同じ事態に陥ってしまっては、元も子もありません。本末転倒です。「違う」と感じたらやめる。そのうえで、再び自分のペースに戻すことです。

3つ目として、「信頼できる人とだけ付き合う」ことです。言い換えると、「相性の良い、気の合う」メンバーと組むということです。「何となく違うなあ」と感じた人は、最終的に信頼できなくなります。

組織に従属している間は、それでもついていかなくてはなりませんが、今度は逆です。信頼できない人や、相性の悪い人には近づかないことです。

悔いることなく、進化する

以上、ゴールデンステージの楽しみ方を見てきましたが、ひとつだけ注意することがあります。それは、精神的独立が「自己責任」を伴うということです。

自己責任というと、大げさに聞こえてしまいますが、そんなに大それたことではありません。

巷《ちまた》でいう「責任」は、「責任を負う」とか「責任を果たす」のように、どちらかというと、シビアな場面で使う場合が多いので、どうしても重く響いてしまいます。

この場合の自己責任とは、「自分の判断に対して責任を負う」という意味です。「決断したのは、ほかならぬ自分」という自覚を持つことです。言い換えると、「決して後悔だけは、してはいけない」ということでもあります。

仕事柄、「今回の転職は失敗だった。前の会社のほうがまだ良かった」という話を、よく聞きます。また、「自営に挑戦したけれど、うまくいかないので、また会社に戻りたい」という話も、たまにですが、耳にします。

どちらの言い分も、分からないでもありません。しかし、成功したかどうか、うまくいったかどうかを判断するのは「自分自身」です。世の中に、絶対的な基準などありはしません。

人間弱気になると、つい過去と比較して、「あの時のほうが、まだましだった」と悔いてしまいます。これでは、せっかくの「やりたいこと」ができません。「心配ご無用」であると同時に、「後悔ご無用」です。

「今回はどうも失敗だった」と感じたら、対策を練ってもう一度やってみればいいのです。

悔いることなく、前向きに「創意工夫」を重ねて、何度でもチャレンジすればいいだけのことです。

「試行錯誤」なしに前進はありません。進化もしません。対応しながら常にマイペースで、気楽に、楽しく、意のままに過ごせばいいのです。

理不尽だらけの会社組織

かなり前の話になりますが、旧友と食事をしていた時の話です。その友人は当時、日本の大手企業で長年勤めたあと転職して、外資系数社を渡り歩いていました。

その時も、ちょうどリストラに遭ったばかりで、大変な状況だったと記憶しています。いきさつを聞いてみると、

「日本法人の中では、特に何の問題もなかったんだけどね、海の向こうで体制が変わって、新しく着任した上司と合わなくてね」

友人は、当時日本法人の幹部だったので、直属の上司が海外拠点にいる外国人でした。その外国人上司と、そりが合わなかったようです。また、リストラの手法が尋常ではな

かったので、かなりやり合ったみたいです。

「そりゃ大変だったね」

「そうなんだよ。どうにも納得できなくてね」

そこで、ポツリとひと言。

「それにしても、会社の中は『理不尽』なことばかりだよ」

つくづく同感です。

その友人は、すでに「ライフキャリアプラン」に相当するイメージができあがっていたので、迷うことなく、次のステップへと進んでいきました。その後は、気の合う仲間と組んで「ゴールデンステージ」を楽しんでいます。

その旧友と会うたびに、出る話があります。

「生涯通して、何らかの形で社会と関わっていたいよね」

こちらも大いに同感です。

ここで、第3章でも引用した『「権力」を握る人の法則』から、「世の中は公正・公平ではない」というテーマについて紹介します。

「多くの人は、自分たちが所属する組織について、一致協力して共同幻想を作り上げている。自分たちの居場所が清く正しくて、誰もがおのおのの価値に見合った処遇を受けられると信じたいからだろう。しかもたいていの人が自分は厚遇に値すると思っており、よい仕事をして規則を守っていれば、それに見合う待遇がちゃんと用意されると無邪気に考えやすい。そして、不届きとしか思えないふるまいをしたり、強引に自分を売り込んだり、上昇志向をむき出しにしたりする他人を見かけると、こう考える――あんな連中から学ぶべきことは何もない、あいつらは一時的には出世するかもしれないが、いずれ馬脚を露して左遷されるに決まっている、と」（前掲書、21頁）

同書は続きます。

「実績と昇進の関係に関しては組織的な調査が行われており、数多くのデータがそろっている。あなたが賢いキャリア戦略を立てたいなら、まずは事実を知っておくべきだろう。多くの組織、多くのポストで、実績はさほど重要な意味を持たないことが、データによって明らかになっている。つまりあなたの仕事ぶりや目標達成度はおなじみの人事評価にも反映されないし、在任期間や昇進にすらさほど影響しないのである」（前掲書、39頁）

著者のフェファー教授は、また次のように述べています。

「卓越した実績は、昇進や昇給にとってだけでなく、地位の維持にとってもさほど重要とされていない。〈中略〉経営幹部の更迭は、むしろCEOの更迭と密接な関係があり、とくに外部から新CEOが登用された場合に顕著だった。これは、元からいた人間がいくら優秀でも、CEOが忠誠心の強い人間で脇を固めたいからだと考えられる。

というわけで、仕事ができるだけでは、昇進するにも地位を維持するにも不十分である。それどころか、能力が足を引っ張ることさえある」（前掲書、42〜43頁）

今、あなたが会社の中で「公正・公平な評価や待遇を得ている」と感じているなら、「今いる上司に恵まれているだけ」と考えたほうが良いでしょう。いわゆる、「相性が良い」というだけのことです。

この世に、フェアな会社組織など存在しません。人事権のある上司、もしくは幹部の「さじ加減」ひとつです。そのさじ加減を最終的に決定づけるのが、「相性の良し悪し」です。実績や成果、やる気や能力とは、ほとんど無縁の世界です。

場合によっては、成果や能力が出世を妨げることだってあります。加えて、その兆候は「上に行けば行くほど」顕著となります。この現実は、もう理屈抜きで「理不尽」としか言いようがありません。

人生の落としどころ

人事の本質は、「上に行けば行くほど好き嫌い」です。にもかかわらず、実に多くの会社員が、その本質に気づいていません。自分の能力や実力が、会社の役職や報酬に反映されるものと信じて疑いません。

不本意な処遇を受けると、悲観して落ち込み、昇給、昇格でもすると有頂天になります。その結果、上司の評価に、ますます依存するようになります。

すでに述べてきた通り、人事権は上司にあります。しかも、上司による評価は、相性によって左右される、あてにならない、不確実なものです。「相性がいい、悪い」で決まる評価に、一喜一憂する価値はありません。その必要もありません。

最終的に「好き嫌い」で評価する組織の論理に、いつまでも振り回され続けていていいのでしょうか。

誰しも、遅かれ早かれ、いつかは組織と別れを告げる時が、必ずやってきます。この現象は、紛れもない事実です。しかも、その先にまだ誰も経験したことのない、未知の数十年が待っているわけです。

「籠《かご》に乗る人担《かつ》ぐ人そのまた草鞋《わらじ》を作る人」が示唆する通り、様々な階級や、職業の人が存在することによって、うまく回っているのが世の中です。

裏返すと、いろいろな職業や価値観が存在しないと、世の中はうまく回らないということでもあります。まして、世の中は知らず知らずのうちに、刻々と変化しています。

担いだ「籠」に運良く乗れたとしても、一生乗り続けるわけにはいきません。上が変われば、それでおしまいです。定年もあります。

そもそも、「籠」自体が残るのかさえも不確実な時代です。かつて「優良〝籠〟」といわれた会社の、近年の怪しい姿が、すべてを物語っています。

しからば、宴の後に残る「草鞋《わらじ》」とはいったい何なのか、自分ならではの「草鞋」探しをしないといけない時を迎えています。

私たちは、すでに新たな時代に突入しています。それは、自分自身のライフワークに関して、その手掛かりを、現職のうちに把握しておくべき時代です。転職しようがしまいが、定年を迎えようが迎えまいが、です。

「勘と経験が生かせる」「時間が経つのを忘れて、没頭できる」ことは何か、それは本当に自分の「やりたいこと」「やってみたいこと」なのか。たとえ、すぐに答えが見つからなくても、意識して、常に思考し続けると、間違いなく「ひらめく」ことになります。「本当にひらめくのだろうか……」そう疑問に思う人も、中にはいるかもしれません。でも大丈夫です。ヒントは、自問自答しているうちに、必ず浮かんできます。

なぜなら、答えはすでに自分の心の中に「存在」しているからです。ただ、諸事情で顕在化していないだけのことです。

であれば、見つけない手はありません。ひらめくことで、ゴールデンステージへの道筋が見えてきます。組織に生きる会社員にとって、「ひらめくか否か」が、まさに人生の「損益分岐点」になると言っても過言ではありません。

どうせなら、気づかねば「損」でもあります。早く気づいて、スタートラインに並んだほうが、はるかに「得」です。

「やりたいこと」「やってみたいこと」で社会との関わりを持ち、「生涯現役」で楽しく過ごせたら、これほど幸せなことはないでしょう。

自分の思い通りに、勝手気ままに楽しめるのであれば、大した稼ぎがなくてもいいではありませんか。自分の気持ちに正直に、コツコツとやっていれば、そのうちに「大化けする」ことだってあります（現に起きています）。

たとえつまずいたとしても、「創意工夫」で、「試行錯誤」するだけです。何度でも、トライアル・アンド・エラーです。決して悔いることなく、繰り返しチャレンジすればいいのです。

思い通りに、心置きなくできるのも、ライフワークに身を置くことで、「精神的独立」を勝ち得た者の特権であると言えます。

たった一度の人生です。何かの「ご縁」で、この世に生きているわけです。であれば、せっかくの機会、悔いのない毎日を送らない手はありません。落ち着き先は、必ず見つかります。人によってそれぞれですが、間違いなく見つかります。

答えは、すでに心の中にあって、外で自由に飛び回る日を、心待ちにしています。己《おのれ》に潜む「心の叫び」に、是非耳を傾けてみてください。自由気ままな「人生の第3ステージ」は、もう目の前です。

著者プロフィール

中山 てつや（なかやま てつや）

1956年、東京都生まれ。慶應義塾大学経済学部卒業。日系製造メーカー及び外資系IT企業を経て、主にグローバル人材を対象としたキャリアコンサルティングの仕事に携わる。

幻冬舎ルネッサンス新書 215

なぜ職場《しょくば》では理不尽《りふじん》なことが起《お》こるのか？

2021年1月27日 第1刷発行

著 者 中山てつや
発行人 久保田 貴幸

発行元 株式会社 幻冬舎メディアコンサルティング
〒151-0051 東京都渋谷区千駄ヶ谷4-9-7
電話 03-5411-6440（編集）

発売元 株式会社 幻冬舎
〒151-0051 東京都渋谷区千駄ヶ谷4-9-7
電話 03-5411-6222（営業）

ブックデザイン 田島照久
印刷・製本 中央精版印刷株式会社

検印廃止

Printed in Japan
ISBN 978-4-344-93200-5 C0236
幻冬舎メディアコンサルティングHP
http://www.gentosha-mc.com/